Ulrich Klever

Mixgetränke mit und ohne Alkohol

Original-Rezepte – klassisch und modern

GU

Gräfe und Unzer

Umschlag-Vorderseite
Cocktails verlocken durch Farbe und Kühle zum Genuß. Zwei besonders reizvolle Beispiele sind der Green Russian, links im Bild, und der Rote Daiquiri in der Bildmitte. Doch auch ohne Alkohol läßt sich Köstliches wie der Feine Fruchtpunsch, rechts im Bild, mixen. Rezepte Seite 35, 45 und 51.
2. Umschlagseite
Drinks sollen nicht nur gut schmecken, sondern auch das Auge erfreuen. Besonders attraktiv wirkt beispielsweise der Brandy-Crusta im Glas mit Zuckerrand. Rezept Seite 49.
3. Umschlagseite
Ein idealer Drink zum Aufwärmen an kalten Tagen ist der beliebte und nicht allzu »starke« Rote Glühwein. Rezept Seite 40.

Farbfotos: Susi und Pete A. Eising: Seite 37, 38, 47, alle übrigen Farbfotos: Fotostudio Teubner

CIP-Kurztitelaufnahme der Deutschen Bibliothek

Klever, Ulrich

Mixgetränke mit und ohne Alkohol: Orig.-Rezepte - klass. u. modern/Ulrich Klever. - 2. Aufl. - München: Gräfe und Unzer, 1987

ISBN 3-7742-3296-2

2. Auflage 1987

Redaktion: Antje Schunka-Späth
Herstellung: Monika Gerretz
Zeichnungen: Gerlind Bruhn
Umschlaggestaltung: Heinz Kraxenberger
Satz und Druck: Appl, Wemding
Reproduktion: Brend'amour, Simhart & Co.
Bindung: R. Oldenbourg

ISBN: 3-7742-3296-2

Ulrich Klever,
nach Studium von Zoologie und Ernährungsphysiologie Journalist und Schriftsteller geworden, kam von der Feinschmeckerei zum Kochen. Mit naturwissenschaftlicher Gründlichkeit erarbeitete er sich dieses Gebiet und wurde dank seiner Fähigkeit, komplizierte Dinge einfach und einfache Dinge spannend beschreiben zu können, bald zum vielbeschäftigten Kochjournalisten. 15 Jahre lang schrieb er eine wöchentliche Kochkolumne, zuerst im »Stern«, dann in der »Frau im Spiegel«. Seit über 5 Jahren verfaßt er die Kochbeiträge in der »Vogue«. Als Fernsehkoch hatte er im ZDF über 300 Kochsendungen. Seine zahlreichen Kochbücher - vielfach prämiert von der Gastronomischen Akademie Deutschlands - wurden fast alle zu Bestsellern.

Wichtiger Hinweis und Warnung

Alkohol ist ein Genußgift. Wenn Sie die Drinks dieses Mixbuches ohne Reue genießen wollen, lesen Sie bitte unbedingt zunächst das Kapitel »Trinken nach Maß und mit Maß« auf Seite 6. Und bedenken Sie, daß jeder Mensch auf Alkohol individuell reagiert. Vor allem aber: Alkohol ist in keiner Form ein Getränk für Kinder und Jugendliche!
Autofahrer müssen beachten, daß die Alkoholwirkung über viele Stunden anhalten kann, also auch noch in den nächsten Tag hinein.

Sie finden in diesem Buch

Sie finden in diesem Buch

* Dieses Symbol kennzeichnet alle Rezepte, die Sie aus den sieben Flaschen auf Seite 13 mixen können.
Alle Zutaten sind, wenn nicht anders angegeben, für 1 Drink berechnet.

Ein Wort zuvor

Mixgetränke sind wieder Mode geworden. Als Gastgeber möchte man nicht nur mit selbstgebackenem Brot und phantasievollen Salaten zeigen, daß man kulinarisch kreativ ist. Auch selbstgerührte Longdrinks und bunte Cocktails werden bei Einladungen heute immer häufiger angeboten.
Für Hobby-Mixer und vor allem für Leute, die es werden wollen, aber auch für Feinschmecker, die nach neuen Ideen suchen und ihren Gästen etwas Besonderes bieten möchten, habe ich diesen Küchen-Ratgeber geschrieben. Wer selber mixt, weiß, was er im Glas hat, und das ist schon ein Grund, die amüsante Kunst des Mixens wie ein Profi zu beherrschen.
Daß Sie mit Alkohol vorsichtig sind – es ist immer die zu hohe Dosis, die ihn zum Gift macht –, setze ich voraus. Trotzdem gebe ich Ihnen am Anfang Ratschläge für den Umgang mit Alkohol und erkläre seine Wirkung.
Dann geht es um Ihre »Hausbar«, denn diese bestimmt das Trinkverhalten; wobei das Wort weniger für einen speziellen Raum oder ein Möbelstück steht als für eine Sammlung verschiedener Flaschen. Die Getränkeindustrie verlockt mit immer neuen, noch bunteren und exotischeren Produkten. Doch auf die Qualität Ihrer Drinks hat die Quantität, also die Größe Ihrer Flaschensammlung, nur einen geringen Einfluß. Wichtig ist, daß Sie die richtigen Flaschen zu Hause haben. Welche das sein müssen, sage ich Ihnen in diesem Buch.
Auch zum Handwerkszeug, das Sie als Mixer brauchen, sowie zur Wahl der Gläser finden Sie viele Tips und informative Zeichnungen.
Das Rühren und Schütteln von Longdrinks und Cocktails unterliegt ähnlich strengen Regeln wie das Kuchenbacken. Wie die Rezepte in der Backstube sind auch die Rezepte in der Bar nach den Gesetzmäßigkeiten der verschiedenen Schnäpse, Liköre und Würzmittel aufgebaut. Das ist nicht nur für den Geschmack wichtig, sondern vor allem für die Bekömmlichkeit. Deshalb sollten Sie sich an die ausprobierten Rezepte halten, nur beste Zutaten verwenden und versuchen, so präzise wie möglich zu arbeiten. Die Drinks aus Ihrer Bar müssen eiskalt sein. Der Schlüssel zum Erfolg heißt also, mit Eis ganz verschwenderisch zu sein. Ausnahme: Ein Rezeptkapitel enthält »heiße Drinks für kalte Stunden«, die ja in einem Mixbuch nicht fehlen dürfen.
Im Hauptteil dieses bunten Küchen-Ratgebers habe ich reizvolle, klassische und moderne Rezepte für Sie aufgeschrieben. Viele von ihnen sind nicht allzu alkoholreich, was dem heutigen Trend entgegenkommt. Es gibt auch ein Kapitel mit alkoholfreien Drinks verschiedenster Art. Damit Sie sich gut zurechtfinden, sind die Rezepte innerhalb der Kapitel nach den Basisschnäpsen eingeteilt. Sie finden also immer Longdrinks oder Cocktails mit Gin, Rum oder Weinbrand beieinander.
Ich habe die Rezepte so ausgewählt, daß Sie mit wenigen Flaschen möglichst viele Drinks mixen können – genauer mit 7 Flaschen schon über 50 verschiedene. Aber ich habe auch Besonderes aufgenommen, selbst wenn Sie dafür eine Extraflasche brauchen. Es kam mir darauf an, Ihnen auf kleinem Raum die ganze bunte Welt der Mixgetränke mit den fröhlichen und verrückten Namen zu zeigen. Die brillanten Farbfotos werden Sie überdies neugierig und »durstig« machen.
Und wenn Sie dann einmal angefangen haben, das Eis im Shaker klirren zu lassen, wenn Ihnen der erste Martini perfekt geglückt ist und Sie Komplimente für Ihre Cocktails bekommen, dann gehören Sie mit dazu. Zu den Leuten, die entdeckt haben, welchen Spaß es macht, aus Schnäpsen, Likören, Obstsäften und Limonaden eigenständige Kompositionen zu zaubern, die entspannen und die zu einer guten Unterhaltung wesentlich beitragen.
Mit einem Drink in der Hand!

Ihr Ulrich Klever

Trinken nach Maß und mit Maß

Die meisten Erwachsenen, die Alkohol trinken, tun dies, ohne Schaden zu nehmen. Denn die Menge ist entscheidend, ob Alkohol ein Genußmittel oder ein Gift ist. Es liegt also im »Alkoholverhalten« des einzelnen. Damit dieses Buch eine Anleitung zum Genuß ohne Reue und keine »Schule für zukünftige Alkoholiker« wird, und weil Alkohol süchtig machen kann, hier zunächst eine Gebrauchsanweisung für den richtigen Umgang mit Alkohol; denn was man kennt, kann einen nicht mehr überrumpeln.

Was ist Alkohol?

Der Alkohol, den wir trinken, ist eine chemische Verbindung in flüssiger Form aus Kohlenstoff, Wasserstoff und Sauerstoff mit der Formel C_2H_5OH. Seine genaue Bezeichnung ist »Äthylalkohol«.
Alkohol entsteht bei der Gärung mit Hilfe von Hefe: Zuckermoleküle und Stärke werden auseinandergenommen = abgebaut. Beim Abbau entweicht Kohlensäure. Der Alkoholgehalt steigt so lange, bis entweder der ganze Zucker abgebaut ist (je süßer die Traube, um so alkoholreicher der Wein) oder bis der Alkoholgehalt so hoch ist, daß er die Hefezellen tötet. Das geschieht etwa bei 17 Prozent. Höherprozentigen Alkohol kann man nicht durch Gärung gewinnen, sondern muß destillieren = dem Alkohol Wasser entziehen. Das ist physikalisch leicht, da Alkohol bei 78,3 Grad verdampft, Wasser aber erst bei 100 Grad. So kann man die beiden leicht trennen. Diese Alkoholbeschreibung ist äußerst vereinfacht, genügt aber als Basiswissen für künftige Mixer und verständige Trinker.

Wie wirkt Alkohol?

Wenn wir ein Glas mit einem alkoholischen Getränk an die Lippen setzen und die Flüssigkeit in den Mund gießen, schmecken wir das Getränk und spüren gleichzeitig den Reiz, den der Alkohol auf unsere Schleimhäute ausübt. Dieser Reiz ist um so stärker, je höher der Alkoholgehalt des Getränkes ist – es kann sogar kräftig brennen. Gleichzeitig werden die Speicheldrüsen und nach dem Schlucken wird die Magensekretion angeregt, am stärksten, wenn der Alkoholgehalt zwischen 20 und 40 Prozent liegt. Alle klassischen Aperitifs liegen innerhalb dieser Alkoholkonzentration, und ein richtig gemixter Martini auch. Die Erweiterung der Blutgefäße im Magenbereich und damit die stärkere Durchblutung rufen ein angenehmes Gefühl der Wärme hervor. Dann geht der Alkohol ins Blut, und zwar unmittelbar und sofort. Er wird von Magen und Dünndarm aufgesogen und braucht nicht, wie andere flüssige oder feste Nahrung, erst verdaut zu werden. Das Blut transportiert den Alkohol schnell in alle Körperregionen: über das Venensystem in die rechte Herzkammer, über den Lungenkreislauf und mit dem Arterienblut in die linke Herzhälfte. Diese Alkoholaufnahme wird beschleunigt, wenn man

- warmen Alkohol trinkt (Glühwein und Punsch wirken deshalb besonders schnell),
- Zucker in den Alkohol gibt und
- den Alkohol mit Kohlensäure mischt. Sekt enthält Kohlensäure und Zucker. Deshalb geht kein anderes Getränk so schnell ins Blut, »ist so erregend wie Sekt«. Aus diesem Grund steigt die Stimmung erheblich schneller, wenn man zu Beginn einer Party ein Glas Sekt oder Champagner anbietet, als wenn man die Gäste mit einem hochprozentigen »Opening Drink« bewirtet. Denken Sie auch an die Kohlensäure in Soda oder Tonic: Ein Whisky Soda wirkt schneller als ein Whisky mit Wasser, ein Cocktail mit Sekt unmittelbarer als einer mit Saft.

Die Wirkung der verschiedenen Drinks

Nicht unbedingt muß der stärkste Drink die »umwerfendste« Wirkung haben. Man spürt die Wärme des Alkohols und wird vorgewarnt. Außerdem sind ein sehr trocken gemixter Martini, ein Old Fashioned oder ein Whiskey Sour (Rezepte Seite 43 und 49) sehr bekömmlich für den Magen. Bei ihnen tritt die alkoholische Wirkung fast sofort ein, sie haben eine kurze Reaktionszeit. Jedermann schmeckt's, spürt's und ist es zufrieden. Anders ist es bei den süßen Drinks oder den »Softies«. Ein typisches Beispiel ist der heute so beliebte Bailey's Irish Cream, ein Softdrink, den man fertig in Flaschen kaufen kann und der aus irischem Whiskey und Sahne besteht (eventuelle weitere Zutaten sind das Geheimnis der Firma). Man kann ihn trinken, wie man eine Praline ißt, eine harmlose Sache, glaubt man, und erst nach dem dritten Drink merkt man auf einmal, daß man alkoholisiert ist.
Ähnlich wirken die Cocktails mit Sahne wie der Alexander (Rezept Seite 44), der Brandy Alexander (Rezept Seite 46) und La Négresse Blonde (Rezept Seite 49). Diese harmlos erscheinenden Drinks haben eine lange Reaktionszeit, denn Sahne, Eier oder süße Liköre machen einen Drink nicht schwächer, sie geben ihm nur einen sanfteren Geschmack.
Die Wirkung, ob man einen alten Malt Whisky, einen Gin Sour, einen Manhattan oder einen Alexander trinkt, ist im Grunde die gleiche, da die Alkoholmenge bei allen Bardrinks in etwa standardisiert ist. Beim Whisky pur tritt sie sofort ein, beim Sour um einige Minuten verzögert, beim Manhattan hat der Wermut noch längere Verschleppungswirkung, und beim Alexander dauert es am längsten. Außerdem weckt dieser keinen Appetit, sondern macht satt. Und das ist gefährlich, weil man dann zu diesen Cocktails weder Chips noch Nüsse oder Salzgebäck knabbern mag, und das ist wiederum für die Verträglichkeit wichtig. Denn Alkohol scheidet Wasser aus – nach Dr. Krück von der Universität Homburg/Saar 1 Gramm Alkohol 10 Gramm Wasser –, Salz aber bindet Wasser im Körper. Deshalb sollte man beim Trinken immer salzige Dinge essen: Der Durst bleibt dann, so paradox es klingt, in Grenzen.

Hard oder soft? Das ist die Frage

Wir unterscheiden hierzulande zwischen »harten« Drinks und »weichen« Getränken: Schnäpse hier, Wein und Bier dort, oder beim Mixen Cocktails contra Longdrinks. Hinzu kommen seit einigen Jahren die »Soft-Spirituosen«, Liköre auf Frucht-, Milch-, Schokolade- oder Ei-Basis, sowie Mischungen von Fruchtsäften mit Spirituosen, die allesamt einen Alkoholgehalt von etwa 20 Prozent haben. Unter dem Strich ist die Gegenüberstellung Augenwischerei, denn für die Leber – und auf die allein kommt es an –, ist Alkohol gleich Alkohol.
In einer Arbeit über »Alkoholgenuß und Alkoholmißbrauch« aus dem Jahre 1977 sagen die Autoren Dr. Misch und Dr. Schrader unmißverständlich: »Alkohol ist gleich Alkohol. Aus medizinischer Sicht ist der Grad der Verdünnung eines Getränkes von untergeordneter Bedeutung. Entscheidend ist allein die Menge reinen Alkohols, die es enthält. Das Organ, das den mit einem Getränk aufgenommenen Alkohol zu verarbeiten hat, ist die Leber. In die Leber gelangt aber nicht das konsumierte Getränk. Es wird bereits in den Verdauungswegen in seine Bestandteile zerlegt . . . die voneinander getrennten Alkoholmoleküle gelangen über die Blutbahn in die Leber . . . Auch bei der Überflutung des Blutes spielt es keine Rolle, ob der Alkohol konzentriert oder verdünnt genossen wurde.«

Die Leber und der Alkohol

Die Leber ist die Entsorgungsanlage des Körpers, ein »Labor«, in dem die im Körper entstehenden Gifte unschädlich gemacht werden. Alkohol ist für die Leber auch ein Gift, das sie abbauen muß und kann. Nur – die Entgiftungskapazität der Leber hat ihre Grenzen. Lange war umstritten, wie hoch sie beim Alkohol liegt. Nach den neuesten Forschungen wissen wir, daß die gesunde Leber eines Mannes pro 24-Stunden-Tag höchstens 80 Gramm Alkohol abbauen kann, ohne geschädigt zu werden. Frauen vertragen erheblich weniger, hier liegt die Abbaukapazität bei 30 Gramm Alkohol. Beim Abbau des Alkohols leistet die Leber Schwerarbeit, das sollte man immer bedenken!

Und was sind 80 Gramm Alkohol? Wer einen halben Liter Bier trinkt, nimmt knapp 15 Gramm Alkohol zu sich. Wer eine Flasche deutschen Weißwein (10 Prozent Alkoholgehalt) trinkt, nimmt gut 55 Gramm Alkohol zu sich. Bei einer Flasche französischem Rotwein (14 Prozent Alkoholgehalt) sind es schon fast die möglichen 80 Gramm. Ein doppelter Whisky (43 Prozent Alkohol) enthält 14 Gramm Alkohol, ein Martini Dry von 6 Zentiliter (cl) etwa 24 Gramm, ein Tom Collins (Rezept Seite 21) sogar 32 Gramm, wenn auch auf wesentlich mehr Flüssigkeit.

Dieses sind Anhaltswerte, die Sie bitte nicht benutzen sollten, um immer hart an der Grenze des Erlaubten zu bleiben.

Ein paar Worte zu Alkoholkalorien

1 Gramm Alkohol hat 29 Kilojoule (kJ)/7,1 Kilokalorien (kcal). Man kann sie aber nicht mit den Eiweiß/Fett/Kohlenhydrat-Brennwerten vergleichen. Da Alkohol ausschließlich in der Leber abgebaut wird, wird auch nur da die Alkoholenergie frei und nicht in den Muskeln, wo man sie aktiv gebrauchen könnte. Alkoholkalorien sind »leer«, was ihre Verwendbarkeit und ihren Inhalt betrifft: Sie enthalten weder Mineralstoffe noch Vitamine. Trotzdem nutzt der Körper sie auf verwickelten, noch nicht erforschten Wegen: Er verwandelt sie in Fett. Der sogenannte »Bierbauch« – in diesem Buch besser »Cocktailreifen« genannt – entsteht, wenn man reichlich Alkohol trinkt und dabei normal ißt. Reichlich zu trinken und wenig zu essen, führt zu Nährstoffdefiziten.

Alkohol in Maßen schadet nicht

Da dieser Küchen-Ratgeber ein Buch ist, das sich mit dem Genuß aus Alkohol beschäftigt, möchte ich das im vorangegangenen Warnkapitel aufgebaute Negativ-Image wieder zurechtrükken: Alkohol in Maßen ist gesund. Langzeituntersuchungen in England haben ergeben: »Wer täglich 23 bis 56 Gramm Alkohol trinkt, braucht weniger mit einem Herzinfarkt zu rechnen als Menschen, die gar nichts oder nur gelegentlich trinken.«

Nach dieser schönen Nachricht einige Verhaltensregeln, damit Sie unabhängig vom Alkohol bleiben. Man soll zwar nie »Nie« sagen, aber man soll:

- nie trinken, wenn man glaubt, man hätte es nötig zu trinken;
- nie schnell trinken, um schnell in Stimmung zu kommen;
- nie auf nüchternen Magen trinken;
- nie auf ein Signal hin trinken. Signale sind Müdigkeit, Langeweile, Ärger, Aufregung, Sorgen, aber auch Mittagessen, Nachrichten, Schlafengehen;
- nie trinken, wenn man sich körperlich oder seelisch unwohl fühlt;
- nie trinken, um damit seinen Kater zu bekämpfen. Denn das kann der Anfang vom Suff sein!

Die Einrichtung einer Hausbar

Für eine Hausbar kann man viel Geld auf den Tisch blättern, in Möbelgeschäften, beim Inneneinrichter, in Boutiquen, die schicken Zubehör für »Prost« und »Cheerio« anbieten. Man kann einen Raum als Bar einrichten und in diese Trinkstube eine Theke mit Barhockern stellen. Man kann sich eine Schiffsbar – den idealsten Arbeitsplatz für Mixer auf kleinem Raum – nachbauen lassen. Man kann sich Serien verschiedener Gläser kaufen und ein Regal mit hundert Flaschen füllen. Das alles ist sicherlich genauso lustig wie unvernünftig, denn, vom Geld einmal abgesehen, wir wollen das Mixen ja erst einmal ausprobieren, und dazu fängt man ganz klein an.

Ganz klein, das bedeutet, Sie brauchen:

- gezielt ein paar Flaschen, mit denen man möglichst viele Drinks rühren und schütteln kann. Diese stelle ich im Kapitel »Die Flaschen für Einsteiger« (Seite 12) vor;
- einige Handwerkszeuge, die unerläßlich sind;
- Gläser, in denen man die Drinks ordentlich und appetitlich serviert und schließlich
- einen Platz (der improvisiert sein kann), an dem man die benötigten Zutaten zusammenstellt.

Denn nichts ist zeitraubender und qualitätsmindernder, als während des Mixens zu suchen.

Handwerkszeug, das der Mixer braucht

Alle Bargeräte sollten in erster Linie zweckmäßig sein, dann erst schön und schließlich edel. Mit einem Shaker oder einem Rührlöffel aus Sterlingsilber macht man keine besseren Drinks als mit solchen aus Glas oder Stahl. Es kommt ganz darauf an, was man ausgeben will: Man bekommt für rund hundert Mark genauso eine Bargeräte-Grundausstattung wie für einen Tausender. Je schicker die Geräte, desto teurer sind sie. Die in der folgenden Aufstellung genannten Preise können natürlich nur Anhaltspunkte sein.

Shaker: In ihm werden die Drinks geschüttelt.

Links ein sogenannter Boston-Shaker aus Edelstahl mit Glasteil. In der Mitte und rechts ein einfacher Shaker, zerlegt.

Der preiswerteste ist aus Glas mit Metallrand, Siebaufsatz und Deckel. Es gibt ihn für etwa 30,– DM. Aus Metall kostet er bis zu 100,– DM, versilbert oder aus Silber entsprechend mehr. Die Profis ziehen den zweiteiligen Boston-Shaker vor, dessen größerer Becher aus Edelstahl, dessen kleinerer aus dickem Kristallglas besteht. Er ist leicht zu reinigen, und die Glashälfte kann auch als Rührglas benutzt werden. Ganz am Anfang kann der Shaker durch den Elektromixer oder Elektro-Rührstab aus der Küche ersetzt werden. Ist man »Bar-Profi« geworden, kann man sich auch einen Cocktailmixer mit Motor kaufen, wenn man knapp 800,– DM übrig hat und täglich ein Dutzend Cocktails mixt.

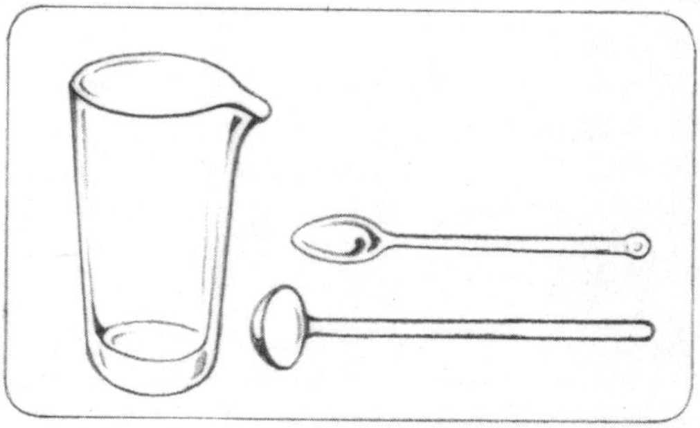

Wichtig ist ein großes Rührglas mit kräftigem Boden und möglichst mit Gießer; dazu langstielige Barlöffel.

Die Einrichtung einer Hausbar

Rührglas: Für alles, was nicht geschüttelt wird. Großes Glas mit kräftigem Fuß, möglichst mit Gießer. Ein vorhandener Glaskrug tut es auch.
Barlöffel: Um im Rührglas Zutaten und Eis kräftig verrühren zu können, braucht man einen Löffel mit langem Stiel. Der Löffel wird zum Abmessen (=1 Teelöffel) benutzt. Profis rühren mit dem Stielende um. Preis um die 10,– DM.
Strainer: Ob aus dem Shaker oder Rührglas, jeder Drink wird durch dieses Sieb ins Glas geseiht. Eis und Zitronenkerne bleiben so zurück. Die Spiralfeder paßt das Sieb jeder Glasgröße an. Um die 15,– DM.

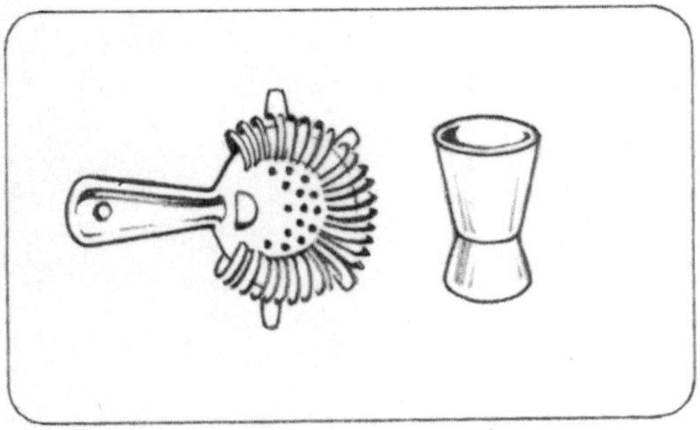

Links ein Strainer oder Barsieb, dessen Spirale sich der jeweiligen Glasöffnung anpaßt. Rechts ein Cocktailmaß (Barmaß).

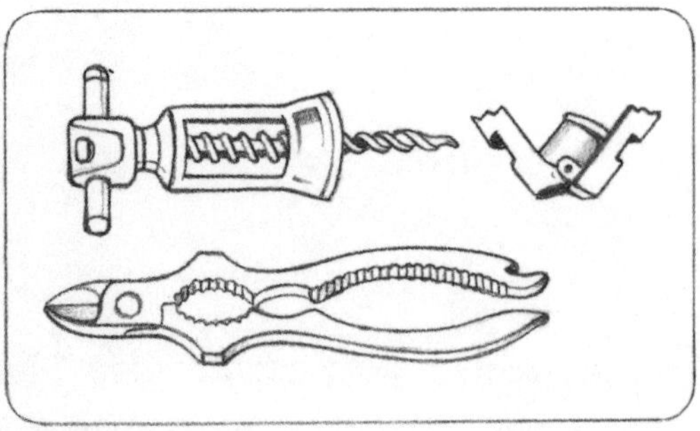

Nützliche Helfer sind auch ein Korkenzieher, ein Sektflaschenverschluß und die für viele Zwecke brauchbare Barzange.

Meßglas: Mit ihm werden die Zutaten exakt abgemessen. Es gibt auch ein Cocktailmaß, das 2 cl auf der einen, 4 cl auf der anderen Seite faßt, aus Metall; Preis etwa 10,– DM.
Zitronenpresse: Für halbierte Zitronen, wie sie im Haushalt vorhanden ist, oder aus Metall für Zitronenviertel, wenn man nur wenige Tropfen Saft benötigt.
Obstmesser mit Schneidebrett: Um Früchte zu schneiden.
Korkenzieher und Kapselheber: Sie sollen mühelos Flaschen öffnen.
Eiszange und Eisschaufel: Die Zange für die Eiswürfel, die Schaufel für das kleingeschlagene Eis.
Diese Kleingeräte inklusive einer Barzange für verklemmte Sektkorken und einem Champagner- und Sektflaschenverschluß, mit dem man angebrochene Flaschen fest verschließen und den Inhalt spritzig erhalten kann, werden auch in Sets angeboten.
Eisbehälter: Möglichst mit Thermodeckel für den Eisvorrat am Arbeitsplatz. Hier kann man leicht einen Hundertmarkschein loswerden. Wem das zuviel ist, der stellt sich sehr kaltes Eis (siehe Seite 16) in einem Behälter aus dickem Glas bereit.
Zum Dekorieren braucht man vielleicht noch:
Cocktailspieße für die Maraschinokirschen oder um Fruchtscheiben über den Glasrand zu hängen. Cocktail-Sticks oder Stirer zum Umrühren von Longdrinks und zum Anquetschen der im Longdrink schwimmenden Orangen- oder Limettenscheiben; aus Kunststoff, in lustig-abenteuerlichen Formen (Palme, Giraffe, Seepferdchen und so weiter) und Farben. In Geschenkboutiquen 6 Stück für etwa 5,– DM.
Trinkhalme: In verschiedenen Farben, Längen und Durchmessern.
Wie schon erwähnt, kann sich der Bar-Einsteiger zunächst gut aus seinem Haushalt behelfen.

Drinks werden in Gläsern serviert

Auch die Frage der Gläser müssen Sie in Ihrer Hausbar nicht zu eng sehen. Zwar gibt es in der Profi-Bar spezielle Gläser für spezielle Drinks, aber man kann gut ausweichen. Vorhanden sein sollten:

Cocktailglas: Eine Art kleine Sektschale für maximal 0,12 Liter. Doch Sie können auch Ihre Sektschalen für Cocktails und Champagnerdrinks verwenden. Sie sind für Champagner und Sekt sowieso nicht geeignet, da die ganze Blume plus Kohlensäure in wenigen Minuten verlorengeht. Sekt trinkt man aus schmalen Flöten.

Von links nach rechts: Cocktailglas, großes Cocktailglas oder Sektschale, Sektflöte, Becher- oder Whiskyglas, Sourglas.

Becherglas oder Whiskyglas: Für Drinks on the rocks wie Old Fashioned (wird deshalb auch Old-Fashioned-Glas genannt). Hat etwa 0,18 Liter Inhalt. In ihm kann man auch einen Sour servieren.

Sourglas: Stielglas mit 0,18 Liter Inhalt. Es kann auch Fizz daraus getrunken werden. Muß nicht unbedingt im Glasbestand vorhanden sein.

Highballglas: Schmaleres Becherglas von mittlerer Größe für Highballs und ähnliche Longdrinks. Inhalt ungefähr 0,25 Liter.

Collinsglas: Das größte der Longdrinkgläser, von 0,3 Liter Inhalt aufwärts. Je größer, desto besser!

Burgunderglas oder Ballonglas: Ein vielseitiges

Von links nach rechts: Highballglas, Collinsglas, Ballon- oder Burgunderglas, Punschglas, Grogglas mit Rührstab aus Glas.

Glas, wenn es etwa 0,25 Liter faßt. In ihm kann man außer Cocktails alle Drinks elegant präsentieren und garnieren.

Punschglas oder Grogglas: Hitzebeständig, mit Henkel oder Stiel, damit man es anfassen kann.

Südwein- oder Sherryglas: Kleines schmales Glas von etwa 6 Zentiliter (cl) Inhalt für Sherry, Portwein oder Gin French sowie Pink Gin.

Glas für exotische Drinks: Fantasieglas (siehe Abbildung), das 0,25 Liter faßt, und in dem man Kokos- oder Fruchtdrinks serviert.

Die Zeichnungen zeigen die klassischen Glastypen, die Sie keineswegs alle besitzen müssen.

Von links nach rechts: Sherry- oder Südweinglas, Fantasieglas, Irish-Coffee-Glas (hitzefest) und Bowlenglas mit Henkel.

Der jeweilige Arbeitsplatz

Gehen wir davon aus, daß Sie keine Kellerbar oder eine frei im Raum stehende Theke besitzen, hinter der Sie Ihre Drinks mixen. Vielleicht haben Sie einen Barschrank, der aber nur zum Aufbewahren von Flaschen und Zubehör nützlich ist. Arbeiten können Sie an ihm oder in ihm nicht.
Sie brauchen eine solide Arbeitsfläche, auf der Sie Ihre Zutaten und das Handwerkszeug stehen haben. In der Nähe dieser Arbeitsfläche sollte ein Kühlschrank sein, außerdem fließendes Wasser und ein Ausguß, in den man benutztes Eis kippen und Gläser oder anderes auch einmal abspülen kann. Hinzu kommt noch ein Abfalleimer für Fruchtreste und Eierschalen (für Fizzes braucht man Eiweiß, für Flips Eigelb).
Auf welchen Raum Ihres Hauses trifft das zu? Ich schlage vor, daß Sie Ihre Drinks in der Küche mixen, dem Bar-Ersatz in einem normalen Haushalt. Sollten Sie in der Küche eine Eßtheke haben oder eine Durchreiche ins Wohnzimmer, ist das geradezu ideal. Daß Sie zum Mixen Eis, sehr viel Eis benötigen, lesen Sie auf Seite 16 und 19.
Köche wie Barmixer nennen es »mise en place«, das Bereitstellen von Zitrone mit Presse, Angostura Bitter in der Tropfflasche, reichlich sehr kaltem Eis, den notwendigen Fruchtsäften und Spirituosen, Muskatnuß und Muskatreibe – kurz von allem, was Sie zu Ihrem Drink benötigen.
Denken Sie auch daran, daß die Augen mittrinken. Jeder Drink muß reizvoll aussehen, das heißt, Sie brauchen Cocktailkirschen, frisch geschnittene Orangen-, Zitronen- oder Limettenscheiben zur Dekoration, eventuell auch frische Minze. Wenn Sie einmal einem Barprofi zuschauen, sehen Sie, wie schnell, wie perfekt und wie gezielt er arbeitet. Alles wird frisch geschnitten, Säfte werden frisch gepreßt.
Und sehr viel hängt von der Sorgfalt der Zubereitung ab. Was gerührt wird, muß klar sein. Was geschüttelt wird, darf undurchsichtig sein, aber nicht unappetitlich trübe. Das bedeutet für die Praxis, daß Sie jeden Drink, den Sie Gästen anbieten, vorher geübt haben sollten. Halten Sie sich ans Rezept, stellen Sie anhand des Rezeptes die Zutaten zusammen und arbeiten Sie dann zügig – und auf die Arbeit konzentriert, Mixen ist keine Zirkusvorstellung!
Bieten Sie nie zu viele verschiedene Cocktails auf einmal an, das verführt die Gäste zum Durcheinandertrinken und verlangt von Ihnen zuviel. Drei Drinks zur Auswahl genügen völlig: ein trokkener, ein süßerer und ein Longdrink. Bei dieser Menge behalten Sie auch die Übersicht.
Sie können zwei bis drei Cocktails auf einmal rühren oder schütteln. Gießen Sie die Gläser nicht auf einmal ganz voll, sondern füllen Sie sie in zwei, drei Portionen. Dadurch vermischt sich der Drink auch besser. Bis zum Rand wird übrigens nur ein Grogglas vollgegossen, dessen »Berg« man nach norddeutscher Sitte abschlürfen muß. Alle anderen Getränke sollten so im Glas stehen, daß man sie, ohne zu kleckern und zu tropfen, trinken kann.

Die Flaschen für Einsteiger

Zu klassischen Longdrinks und Cocktails gehören nur wenige Zutaten und, wie Sie im Rezeptteil lesen werden, fast immer die gleichen. Das ist ja das Faszinierende bei der Mixerei: Man kann durch kleine Variationen, durch die Zugabe von einigen Tropfen Angostura Bitter, Zitronensaft oder Lime Juice erstaunlich viel Verschiedenes machen.
Um mixen zu können, brauchen wir also keine »Wand voll« Flaschen. Sieben reichen aus, um mehr als hundert Drinks zu mixen. In meinem großen »Buch der Mixgetränke« verrate ich Ihnen sogar 70 Rezepte aus 4 Flaschen (1 Flasche Gin, 1 Flasche Cointreau oder Curaçao Triple Sec, 1 Flasche Wermut Dry, 1 Flasche Wermut Rot). Das mache ich in diesem Buch nicht, weil sich die Rezepte doch sehr ähnlich sind und mir hier dafür der Platz fehlt. Damit Sie aber auch mit we-

nigen Flaschen viel mixen können, habe ich eine »Grundbar« mit 7 Flaschen zusammengestellt und alle Rezepte mit * gekennzeichnet, die Sie aus diesen 7 Flaschen herstellen können.

Sieben Flaschen, die man immer braucht

Gin: Die Nummer eins der Bar. Basis bekannter Longdrinks und Cocktails.
Wermut Dry: Gibt Drinks das nötige Aroma.
Curaçao Triple Sec oder Cointreau: Sein Orangenaroma prägt viele Cocktails nachhaltig.
Weißer Rum: Für viele Longdrinks und Cocktails. Bringt die Exotik in die Hausbar.
Weinbrand oder Cognac: Einige ebenso klassische wie »kraftvolle« Cocktails gehen auf sein Konto.
Wermut Rot oder Wermut Weiß: Die süßen Alternativen zum Wermut Dry. Das »oder« ist eine Frage der Farbe und nicht des Geschmacks.
Bourbon Whiskey: Erweitert die Mixkapazität bedeutend. Wichtig für einige Klassiker.
Wenn Sie sich dann noch 1 Spritzflasche mit Angostura Bitter zum Würzen der Drinks, 1 Flasche Grenadinesirup zum Rosigfärben und Geschmackabrunden und 1 Flasche Rose's Lime Juice (ein Fruchtkonzentrat aus Limetten) kaufen, können Sie jahrelang mixen. Die übrigen Zutaten von Mineralwasser über Coca Cola, Tonic Water, Ginger Ale, Fruchtsäfte und Zitronen haben Sie sowieso in Ihrem Haushalt.
Mein Tip: Natürliches Mineralwasser ziehe ich dem künstlichen Sodawasser vor. Mineralwasser der Marken Apollinaris, Perrier oder Gerolsteiner schmecken mir besser. Auch macht der leichte Salzgehalt die Drinks bekömmlicher. Gute Sodawasser sind: Canada Dry Soda und Schweppes Soda. Weniger geeignet sind bittere oder schweflige Mineralwässer.

Die in diesem Buch verwendeten Getränke von A bis Z

Das war die Basis, mit der Sie ein Mixleben lang glücklich sein können. Für die Neugierigen habe ich das Rezeptreservoir natürlich erweitert, auch mit neuen Likören, von denen Sie in Anzeigen lesen und die Sie einmal ausprobieren wollen. Hier alles, was in den Rezepten vorkommt, in Kurz-Steckbriefen.
Amaretto: Italienischer Mandellikör, um 28 Vol.-%. In einigen neueren Cocktails.
Angostura Bitter: Unentbehrlich zum tropfenweisen Würzen der Drinks. Gilt als »Seele des Gin«.
Apricot Brandy: Aus der Aprikose destillierter Branntwein wie der Barack Pálinka (40 Vol.-%) oder Fruchtlikör (etwa 30 Vol.-%), der beim Mixen eine Rolle spielt.
Aquavit: Siehe Malteserkreuz Aquavit.
Bacardi: Weißer Rum (38 Vol.-%), früher in Cuba, heute in mehreren Ländern hergestellt. Leicht und weich. Zwei Sorten: Carta blanca und Carta d'Oro.
Bailey's Irish Cream: Der bekannteste Sahne-Irish-Whiskey-Likör mit 17% Alkoholgehalt.
Barack: Siehe Apricot Brandy.
Bénédictine D.O.M.: Französischer Kräuterlikör höchster Qualität (43 Vol.-%). Selten in der Bar verwendet.
Bitter Lemon: Zitronenlimonade mit Chinin für Longdrinks oder alkoholfreie Drinks. Von Schweppes.
Boonekamp: Leicht süßlicher Magenbitter mit mindestens 40 Vol.-%. Digestif, selten in Mixdrinks.
Bourbon Whiskey: Meistgetrunkener Whisky der Welt. Stammt aus den USA. Rauchgeschmack fehlt, süßlich und markant. *Der* Whisky für Mixgetränke. 40 bis 50 Vol.-%.
Calvados: Apfelbrandy aus der Normandie, 40 bis 50 Vol.-%. In einigen Mixdrinks, als Longdrink mit Cidre.

Canadian Whisky: Ein sehr reiner, dadurch geschmacklich eher neutraler Whisky mit 40 Vol.-%. Für Manhattan eigentlich obligatorisch.
Champagner: Schaumwein aus der Champagne, nach bestimmten Verfahren aus bestimmten Traubensorten hergestellt. Für Champagnerdrinks.
Cherry Brandy: Kirschlikör mit mindestens 30 Vol.-%. Aus Dänemark Cherry Heering (25 Vol.-%), aus Italien Maraschino (30 bis 40 Vol.-%). In Cocktails.
Cidre: Apfelwein aus der Normandie und Bretagne. Schwach alkoholisch (3–5 Vol.-%), herb und lieblich, leicht moussierend.
Coca Cola: Limonade mit 100jähriger Geschichte und mit Coffeingehalt. Der klassische Longdrink mit Cola ist Cuba Libre.
Cognac: Weinbrand aus der gleichnamigen Region, nach vorgeschriebenen Destilliermethoden hergestellt. 40 Vol.-%. Für klassische Drinks.
Cointreau: Likör aus den Schalen bitterer Orangen, 40 Vol.-%. Marke des Typs Curaçao Triple Sec. Auch als Curaçao Blue wieder in Mode gekommen.
Cordon Rouge: Siehe Grand Marnier.
Crème de . . .: Liköre, die besonders süß sind und ein bestimmtes Aroma haben; de Cacao, de Cassis oder de Menthe (Pfefferminz) weiß und grün.
Doppelkorn: Aus Getreide gebrannt, mit mindestens 38 Vol.-%.
Drambuie: Scotch-Whisky-Likör mit Kräutern und Honig, 40 Vol.-%. In einigen Drinks.
Eierlikör: Emulsion aus Eigelb, Zucker und Alkohol, 20 Vol.-%. In wenigen Drinks.
Galliano: Italienischer Kräuterlikör in überhoher Flasche, 35 Vol.-%. In klassischen wie modernen Drinks.
Gin: Branntwein mit Wacholdergeschmack. Ideal für die Bar ist der Typ London Dry Gin, 40 Vol.-%. In unzähligen Cocktails und Longdrinks.
Ginger Ale: Ingwerlimonade. Für viele US-Drinks unerläßlich. Am bekanntesten von Schweppes.
Ginger Beer: Leicht alkoholisches Bier mit Ingwergeschmack.
Grand Marnier: Auf Cognac basierender Orangenlikör, als Cordon Rouge, 40 Vol.-%, auch für Cocktails.
Grenadinesirup: Tiefroter Sirup aus Granatapfelsaft, alkoholfrei. In der Bar unerläßlich.
Grüne Banane: Kräftig-grüner Bananenlikör von Bols (20 Vol.-%). Von Tisserand Green bananas. Für Longdrinks.
Havana Club Rum: »Weißer«, leicht goldener Rum aus Cuba und cubanischem Zuckerrohr, 40 Vol.-%. Leicht *und* aromatisch.
Irish Whiskey: Mit vollem Gerstengeschmack und ohne Torfrauch, 40 Vol.-%. In der Bar hauptsächlich für Irish Coffee.
Jamaika Rum: Als Verschnitt für Grog und ähnliche Getränke. Als körperreicher echter Jamaika Rum für verschiedene Rumdrinks, auch in Kombination mit weißem Rum. 40 bis 75 Vol.-%.
Kahlúa: Mexikanischer Kaffeelikör, 26,5 Vol.-%. Für einige Cocktails.
Kirschwasser: Branntwein aus Kirschen aus dem Grenzgebiet Elsaß, Schwarzwald und Schweiz. Um die 45 Vol.-%. Ab und zu in Drinks.
Kiwi Wonder: Kräftig-grüner, eindeutig nach Kiwi schmeckender Likör (20 Vol.-%) von Bols. Fruchtig auch Kiwisala (30 Vol.-%) von Vetter. Für Longdrinks und pur.
Lemon Squash: Zitronensaftkonzentrat mit Fruchtfleisch von Rose's.
Lime Juice: Ältestes Fruchtsaftkonzentrat der Welt. Aus Limettensaft und Zucker von Rose's.
London Dry Gin: Siehe Gin.
Malteserkreuz Aquavit: Ein Klarer mit der Würze des Kümmels (43 Vol.-%). Kaum in Drinks.
Maraschino: Siehe Cherry Brandy.
Marc: Französische Bezeichnung für Traubentrester-Branntwein (40 bis 45 Vol.-%). Digestif, kaum in Drinks.
Monin Triple Lime: Limettenlikör mit ausgeprägt fruchtigem Geschmack, 33 Vol.-%. Als Longdrink und auf Eis.

Obstler: Obstbranntwein einfacher Art. Kann aus mehreren Früchten gebrannt sein.
Orange Bitter: Extrakt aus Pomeranzenschalen. Tropfenweise als Würze zu Drinks, zum Beispiel von Bols.
Orange Squash: Orangensaftkonzentrat mit Fruchtfleisch von Rose's.
Orangenblütenwasser: Aus Frankreich stammende alkoholfreie Essenz zum Parfümieren von Drinks. Auch Apothekenartikel.
Pernod: Spirituose mit Anisgeschmack, zur Gruppe der Pastis gehörend wie auch der Ricard. 40 Vol.-%. Färbt Wasser und Limonaden milchig. In Longdrinks mit Coca Cola, Bitter Lemon oder Orangensaft Mode geworden.
Perrier: Französisches Mineralwasser der Spitzenklasse.
Pink Melon: Rosafarbener Melonen-Likör. 20 Vol.-%. Mister Melone: (20 Vol.-%) mit fruchtigem Melonengeschmack.
Pitù: Nationalschnaps Brasiliens aus Zuckerrohr, 41 Vol.-%. Eine bei uns »kommende« Drinkbasis.
Portwein: Alkoholisch verstärkter Wein aus Portugal mit 17 Vol.-%. Einfache Ports als Zutat zu heißen Drinks und einigen Mixgetränken.
Sangrita: Scharf gewürzter, alkoholfreier Tomatensaft. Mexikanisches Nationalgetränk.
Scotch Whisky: Der rauchige Whisky Schottlands. Meist 40prozentig. Nur wenig in Drinks.
Sekt: Deutscher Schaumwein der verschiedensten Qualitäten. In Drinks auch anstelle von Champagner.
Seven up: Klare Zitruslimonade mit Kohlensäure.
Sherry: Spanischer Wein mit komplizierter Herstellung. Als Fino trocken und herb, gut gekühlt als Aperitif (17 Vol.-%). Als Cream süß und bei Zimmertemperatur zum Dessert (20 Vol.-%). Nicht sehr häufig als Drinkzutat.
Slivovitz: Pflaumenschnaps aus Jugoslawien. Deutscher kann Slibowitz genannt werden. 40 Vol.-% und mehr. Selten in Drinks.
Southern Comfort: Ältester Likör der USA. Auf Bourbon-Pfirsich-Basis, 40 Vol.-%. Für viele Drinks geeignet.
Tequila: Mexikanischer Agavenschnaps. 40 bis 45 Vol.-%. In der Bar sehr beliebt. Sollte in Ihrer Grund-Bar die neunte Flasche sein.
Tia Maria: Aus Jamaika stammender Kaffeelikör auf Rumbasis, 31,5 Vol.-%. In zahlreichen Drinks.
Wermut: Der Aperitifwein Italiens und Frankreichs, 16 bis 18 Vol.-%. Alle Wermutarten für Cocktails wichtig.
Wodka: Aus Rußland, Polen oder Finnland stammend, klar und geschmacklos. Sehr beliebt für viele Drinks. In Ihrer Grundbar die achte Flasche.

Bar-Maße

Die Rezepte dieses Buches sind nach dem Litersystem berechnet, das bedeutet, daß die häufigste Maßeinheit ein Zentiliter = cl ist. Da Flüssigkeitsmaße für viele Menschen unklar sind, hier eine Aufstellung, die man auch bei anderen Cocktailbüchern benutzen kann:

1 Likör- oder Schnapsglas	= 20 ccm oder 2 cl
1 Ounce (oz)	= 25 ccm oder 2,5 cl
1 Pony	= 25 ccm oder 2,5 cl
1½ Ounces	= 40 ccm oder 4 cl
1 Cocktailglas (Südweinglas)	= 60 ccm oder 6 cl
1 Jigger (Whiskymaß)	= 40 ccm oder 4 cl
1 Gill (englisches Whiskymaß)	= 4 Jigger oder 16 cl oder 0,16 l
1 Barlöffel (1 Teelöffel)	= 5 ccm oder 0,5 cl
1 Eßlöffel	= 15 ccm oder 1,5 cl
1 Dash (Spritzer)	= 1 Tropfen oder 1 ccm
1 Schuß	= 10 Dashes oder 10 ccm oder 1 cl
1 0,7-Liter-Flasche	= 12 Cocktails oder 35 Schnapsgläser

Mixen können wie ein Profi

Es sieht so einfach aus: Der Mann hinter dem Bartresen gießt aus verschiedenen Flaschen aus dem Handgelenk Flüssiges zusammen, schüttelt es in glänzendem Shaker, füllt genauso leger das Glas, Kirsche, Orangenscheibe und ein Zweiglein Grünes ... schon steht der Drink mit fremdem oder vertrautem Namen vor einem, und er ist kalt und schmeckt.

Daß jede dieser Handbewegungen auf langer Übung beruht, daß der Schuß aus der Flasche so exakt ist, als würden wir ein Meßglas benutzen, daß der gleiche Vorgang bei uns zu Hause das Mehrfache an Zeit benötigt, um ein annähernd ähnliches Ergebnis ins Glas zu bringen, weiß erst der, der eine Hausbar sein eigen nennt und Freizeitmixer ist.

Mixen ist Präzisionsarbeit wie Backen nach vorgegebenen Rezepten, die Fachleute erfunden haben. Wobei ich nicht ausschließe, daß eine Mischung aus weißem Rum, einigen Spritzern Likör und Mango- wie Orangensaft, die Sie kreativ zusammengießen, auch schmecken kann. Ich wette aber, daß diese Kombination bestimmt schon von einem Barkeeper irgendwo auf der Welt als ein »Special« angeboten wird.

Die Voraussetzungen für einen guten Drink sind:

1. Jeder gute Drink – und das ist ein Drink, der nicht nur schmeckt, erfrischt oder relaxed, sondern auch keinen Kater macht – ist nach strengen Regeln aufgebaut, die das Verhältnis der Zutaten zueinander bestimmen.
2. Jeder gute Drink ist so gut wie seine schlechteste Zutat. Das heißt, zum Mixen verwenden wir nur Markengetränke bester Qualität. Ein Wermut vom Faß oder ein Billig-Weinbrand haben in der Hausbar nichts zu suchen. Extrem-Anmerkung für Snobs: Ein »Prestige-Champagner« gehört nicht in einen Pick me up, und mit einem Jahrgangs-Single-Maltwhisky schüttelt man keinen Milk Punch. Es gibt trotz des Mixbooms immer noch Getränke, die man nur pur schlucken darf.
3. Jeder gute Drink ist eiskalt. Deshalb ist neben den trinkbaren Zutaten Eis das Allerwichtigste.

Über den Umgang mit Eis

Wer mixen will, muß mit Eis verschwenderisch umgehen, gefrorenes Wasser in Mengen vorrätig haben – und es sollte kaltes Eis sein. Kaltes Eis, das ist kein weißer Schimmel, sondern Eis kann sich von Eis um 10 bis 15 Minusgrade unterscheiden. Deshalb nehme ich nur Eis, das sich in der Tiefkühltruhe mit an den Fingern haftender Kälte vollgetankt hat. Das ist um so wichtiger, je feiner das Eis zerkleinert wird.

Den Ehrgeiz nach wasserklarem Eis, wie es in den Profibars im Old Fashioned liegt oder im Gin Tonic schwimmt, habe ich nicht. Ich kann es auch nicht fabrizieren, denn alle immer wieder veröffentlichten Tricks von abgekochtem Wasser über stille Quelle aus der Flasche bis zur erschütterungsfrei arbeitenden Tiefkühltruhe funktionieren nicht. Wasserklares Eis bekommt man nur aus einem Eiswürfelbereiter. In ihm wird Wasser auf einen Kühlkern gesprüht, es gefriert sofort ohne Luftbläschen und bleibt deshalb klar. Zur Zeit gibt es zwei Modelle auf dem Markt, die allenfalls für den Hausgebrauch tragbar sind: Philips AGB 11 für etwa 2100,– DM, Panasonic NI 25 A für etwa 3000,– DM. Man muß allerdings eine Menge Drinks schütteln und schlucken, damit sich die Anschaffung lohnt, da die Geräte in 24 Stunden rund 25 Kilo Eiswürfel bereiten.

Zwei Drinks, denen man die Erfrischung schon ansieht. ▷ Links ein Whiskey Sour, aufgefüllt zum Longdrink und mit Cocktailkirsche serviert. Rechts ein Daiquiri, mit Limettenscheibe garniert, derzeit Lieblingscocktail in unseren Bars. Rezepte Seite 44 und 49.

6 YEARS

Was gibt es in der Bar für Eis?

Beim Mixen werden mehrere Sorten Eis verwendet, wobei »Sorten« sich nicht nur auf die äußere Form bezieht:
Eiswürfel: Meist viereckig, in mehr oder weniger praktischen Behältern aus Metall, Hart- oder Weichplastik gefroren, werden zum Schütteln oder Rühren von Cocktails, für einfache Longdrinks oder für Getränke »on the Rocks« gebraucht. Bei den Behältern darauf achten, daß sich die fertigen Würfel aus ihnen leicht lösen lassen. Ich arbeite auf Vorrat und bewahre die Würfel in Plastiktüten in der Tiefkühltruhe auf.
Fizz-Eis oder Cracked Ice: In haselnußgroße Stückchen kleingeschlagenes Eis. Es wird für die Drinks gebraucht, die man lange, sehr kalt und schaumig schütteln muß.
Hageleis oder Crushed Ice: Kühlt Longdrinks blitzschnell und ohne Rühren. Ich liebe auch Fruchtliköre, die über einen Löffel Hageleis im Glas serviert werden.
Schnee-Eis oder Shaved Ice: Geschabtes Eis, das sich mit anderen Flüssigkeiten unter starker Kälteabgabe sofort in Wasser verwandelt und also Drinks stark verdünnt.
Eis zerkleinert man nach der Hausmachermethode mit einem Holzhammer: Eis in sauberes Tuch wickeln und mit dem Hammer zu gewünschter Größe zerkleinern. Ansonsten gibt es Zangen, zwischen deren Backen die Würfel zerbrochen werden; sie arbeiten meist uneffektiv. Es gibt handgetriebene oder motorgetriebene Eismühlen, teils als Zusatzgeräte für Küchenmaschinen, und es gibt Eisschaber für Schnee-Eis. Entweder läßt man Eis zu einem Block gefrieren und schabt mit der Hand oder man benutzt ein Gerät mit Kurbel. Eis in einem Haushaltsmixer zu zerschlagen, kann den Messern schlecht bekommen. Daran sollten Sie denken, wenn Sie Drinks im Elektromixer mixen. Lieber dafür einen elektrischen Rührstab nehmen.
Grundsätzliche Anmerkung: Bei jeder Bearbeitung von Eis schnell arbeiten und die Drinks sofort servieren. Hat man sich auf Vorrat Cracked Ice gemacht, braucht man eine Kühlbox, um es zur Hand zu haben, und eine Eisschaufel, um es herauszunehmen. Für Eiswürfel benötigt man schon aus hygienischen Gründen eine Eiszange.

◁ So sorgfältig, wie hier beim Mint Julep, sollten Sie in Ihrer Hausbar bei jedem Drink arbeiten. Rezept Seite 25.

Schütteln, rühren, im Glas servieren

»Einen trockenen Martini in einer Sektschale, geschüttelt und nicht gerührt«, pflegt James Bond bei Dr. No oder Mister Goldfinger zu ordern und erweist sich damit für alle perfekten Martini-Schlucker der Welt bartechnisch gesehen als ein Nullnullnix. Denn einen Martini schüttelt man nicht!
Sind die Bräuche hier so streng? Die Kunst des Cocktailmixens beruht wie die des Kochens auf Regeln, nur sind diese beim Mixen strenger. Alle Cocktails werden auf drei Arten zubereitet: 1. geschüttelt, 2. gerührt, 3. im Glas angerichtet.
Geschüttelt werden Mischungen, die Säfte (Ausnahme Tomatensaft) oder schwere Liköre oder Eiweiß, Eigelb und Sahne enthalten. Man schüttelt im Shaker, den man zu einem Drittel mit Eiswürfeln oder haselnußgroßem Cracked Ice füllt. Bevor man die Zutaten dazugibt, muß man Eiswasser, das sich eventuell gebildet hat, abgießen. Der geschlossene Shaker wird in waagerechter Haltung energisch, aber nicht zu lange, geschüttelt. Dann wird der Cocktail ins Glas geseiht, dekoriert und sofort serviert.

Gerührt werden alle anderen Mischungen. Man rührt mit Eis in einem Rührglas mit langem Barlöffel schnell und kräftig, und zwar in einer Spirale von oben nach unten. Das Eis soll möglichst wenig Wasser abgeben. Den Cocktail in ein Glas seihen und sofort servieren.
Im Glas angerichtet wird je nach Drink. Es sind die einfachen, kräftigen Cocktails wie Old Fashioned oder der Caipirinha. Mit im Glas sind immer Eisstücke, manchmal auch Sauerobst. Sprudelndes von Champagner bis Soda gibt man immer nach dem Umrühren, also ganz zum Schluß dazu. Longdrinks werden in der Regel im Glas angerichtet.

Rezeptregeln für Drinks

Der Aufbau eines Drinks wird von Gesetzen bestimmt, die bei Longdrinks lockerer, bei Cocktails recht streng sind. Manchmal verfällt ein Barprofi dem »Mischzwang«, einer Krankheit, an der sonst nur Amateure leiden, und vereinigt in einem Glas mehrere starke Schnäpse. Von diesen saisonalen In-Drinks sollten wir die Finger lassen, in einer Bar und zu Hause.

- Die Basis eines jeden Cocktails ist auf einer hochprozentigen Spirituose aufgebaut, die fünfzig Prozent oder mehr Anteil am jeweiligen Getränk hat. Auf jeden Fall muß man sie noch schmecken können. Das heißt, ein Gincocktail muß nach Gin, ein Rumcocktail nach Rum, ein Brandycocktail nach Brandy schmecken. Es gibt einige wenige Ausnahmen mit zwei Basisschnäpsen: So vertragen sich Gin und kubanischer Rum wie Bacardi oder Cognac und kubanischer Rum oder Rye und Bourbon Whiskey. Da guter Wodka nach nichts schmeckt, sind alle Wodkacocktails Spielereien, seine Zugabe zu anderen Schnäpsen ist zwar nicht gefährlich, aber auch kein Lustgewinn.

Merke: Alle Cocktails, in denen mehr als zwei Basisschnäpse vorhanden sind, machen schnell betrunken oder locken den Kater.

- Zum Basisschnaps kommen die Zutaten, die das Gewisse an Aroma, den Pfiff geben, die den Cocktail »rund« im Geschmack machen. Das sind der französische trockene oder der italienische süße oder trockene Wermut und, in kleiner Dosis, die Bitters wie Angostura oder Orange Bitter, aber auch saure Fruchtsäfte wie Zitrone, Limette oder Orange. Wichtig ist, daß diese »Geschmackskatalysatoren« sparsam verwendet werden. Zuckersirup gehört auch noch hierher sowie Sahne und Eigelb für die After-Dinner-Cocktails (flüssige Desserts), die heute als »Creamies« oder »Softies« sehr beliebt, aber heimtückisch in ihrer Wirkung sind.
- Dritter Bestandteil eines Cocktails können spezielle Geschmacksgeber sein, die manchmal auch die Farbe beeinflussen. Das sind meist aromatische Liköre wie Curaçao weiß (als Marke Cointreau), Curaçao blau, Cherry Brandy, Maraschino, Crème de Menthe grün oder weiß, Chartreuse oder Apricot Brandy – die Liste kann sehr lang werden. Der Likörantei muß geringer sein als der der Basisspirituose. Auch Sirupe wie Grenadine (roter Granatapfelsaft) oder Rose's Lime Juice bringen Geschmack und Farbe ohne zusätzlichen Alkohol.
- Ein Geschmacksgeber ist auch der Zuckersirup, der manchem Drink das notwendige bißchen Süße gibt. Man macht ihn sich am besten selbst. 125 g Zucker in 125 ml (0,125 l) heißem Wasser völlig auflösen, in eine Schraubverschlußflasche füllen und abkühlen lassen. Bei Bedarf verwenden (siehe Rezepte). Der Sirup ist haltbar.
- Es gibt beim Mixen typische Maßeinheiten. Eine Aufstellung finden Sie auf Seite 15.

Longdrinks für jeden Geschmack

Die idealen Longdrinks sind alkoholarm und durstlöschend. Beim guten Longdrink spürt man beim ersten Schluck einen »Kälte-Kick«, nach dem zweiten wohlige Wärme aus dem Bauch. Die eisige Taubheit auf Zunge und Gaumen verwandelt sich in ein angenehm kühles Gefühl, das den Durst verschwinden läßt ohne große Flüssigkeitsmengen. Dabei wird auch noch der Geschmack befriedigt.

Die wichtigsten Regeln für einen guten Longdrink lauten:

- Ein Longdrink muß eiskalt sein.
- Ein Longdrink soll zuerst den Durst stillen, dann erst alkoholisieren. Das heißt, Longdrinks sollen immer leicht säuerlich sein und nicht zuviel Alkohol enthalten, jedoch gerade so viel, daß sie anregend wirken.

In der Fachsprache der Barmixer ist »Longdrink« ein vages Wort. Es bezeichnet »ein Mischgetränk, dessen Menge über das Cocktailmaß von 6 Zentiliter (cl) hinausgeht und das mit Fruchtsaft, Sodawasser, Limonade oder Sekt/Champagner aufgegossen wird«. In der offiziellen Barsprache nennt man die Gruppe zusammenfassend Tall Drinks, mixt oder bestellt sich aber gezielt einen Highball, Collins, Fizz, Julep, Cobbler, Cooler, Sling, Soda oder Tonic. Ein Longdrink soll mindestens 0,2 Liter Flüssigkeit bieten.

Longdrinks haben sich erstaunlich wenig modischen Trends unterworfen. Die klassischen Drinks sind auch heute aktuell: Eine Basisspirituose, mit Wasser oder Limonade aufgefüllt, wird zum *Weinbrand Soda* oder *Gin Tonic.* Mitte der 70er Jahre kamen die karibischen Drinks dazu, und dieser exotische Touch hält seitdem an. Weißer Rum ist nach wie vor Favorit, da er sich vorzüglich mit Säften aller Art mischt. Nostalgiker entdeckten die Bowle wieder, wenn auch nicht nach Großvaters Rezepten. Fruchtige Liköre werden mit viel Eis, Sekt, Champagner oder Mineralwasser verlängert. Nicht nur Flüssiges, sondern Geschmack ist gefragt!

Longdrinks mit Gin

Die klassischen Longdrinks wie die Collinses und die Fizzes gibt es inzwischen zwar mit allen Spirituosen, doch mit Gin sind sie nicht zu übertreffen. Auch ein ganz einfacher *Gin Tonic* ist ein fantastischer Durstlöscher.

Tom Collins*

Hat seinen Namen nach dem 0,4-Liter-Glas (Collinsglas), in dem er serviert wird. Die Menge pro Drink sollte mindestens 0,25 l sein.

In das Glas 1 Teelöffel Zuckersirup (siehe Seite 20), den Saft von 1 mittelgroßen Zitrone und 8 cl Gin geben. Mit langstieligem Löffel umrühren. 4 große Eisstücke dazugeben und mit Sodawasser auffüllen. Rühren, bis das Glas beschlägt.

Tom-Collins-Verwandte

*Colonel Collins** heißt der Drink, wenn man statt Gin Bourbon Whiskey nimmt. Mit Irish Whiskey heißt er *Mike Collins,* mit Scotch Whisky *Sandy Collins.* Nimmt man weißen Rum, wird er zum *Pedro Collins** und mit Cognac zum *Pierre Collins*.* Doch »Tom« ist allemal der Beste.

Gin Fizz*

Eine verfeinerte, nicht so flüssigkeitsreiche Form des Collins, die in einem 0,2-Liter-Highballglas serviert wird.

1 Teelöffel Zuckersirup (siehe Seite 20), den Saft von 1 mittelgroßen Zitrone und 6 cl Gin mit kleingehacktem Eis in einen Shaker geben und schütteln, bis der Shaker beschlägt. In ein Becherglas seihen, mit eiskaltem Sodawasser auffüllen und umrühren. Mit Trinkhalm servieren.

Varianten: Nimmt man statt Sodawasser Sekt, heißt er *Diamond Fizz.* 1 Teelöffel Himbeersaft im Glas macht ihn zum *Albemerle Fizz*;* der Saft von

½ Zitrone und ½ Orange ergibt den *Merry Widow Fizz**. Beim *Silver Fizz** (gleiche Rezeptur wie Gin Fizz) kommt noch 1 Eiweiß mit in den Shaker, das auf dem Drink die typische kleine Schaumkrone erzeugt.

Gin-Fizz-Verwandte

Wie bei den Collinses kann man den Gin durch weißen Rum = *Rum Fizz**, durch Brandy = *Brandy Fizz**, durch Tequila = *Tequila Fizz* und durch andere Spirituosen ersetzen. Die Namensgebung ist hier weniger fantasiereich, man nennt den verwendeten Schnaps. Wir kommen so schnell auf ein Dutzend verschiedene Longdrinks.

Singapore Sling

5 cl Gin, 2 cl Cherry Heering oder Cherry Brandy, 3 cl Zitronensaft und 1 Teelöffel Zuckersirup (siehe Seite 20) auf Eis im Shaker kräftig schütteln. Ein Longdrinkglas bis zur Hälfte mit kleingeschlagenem Eis füllen, die Mischung darüberseihen und mit Sodawasser auffüllen. Mit 1 Zitronenviertel und 1 Cocktailkirsche garnieren.
Mein Tip: Wer den Drink ein wenig trockener mag, läßt den Zuckersirup fort, wer ihn exotischer mag, träufelt etwas Bénédictine D.O.M. auf den fertigen Drink.

Orange Blossom Special

In ein Longdrinkglas 2 Eiswürfel geben, darauf 1 Spritzer Angostura Bitter. 4 cl Gin dazugießen, mit 8 cl Orange Bitter auffüllen, umrühren und mit 1 Zweig Minze garnieren.

Sea Breeze Cooler

Cooler ist eine etwas ungenaue Bezeichnung für einen eiskalten Longdrink von Collinsgröße, der mit Sodawasser oder Ginger Ale aufgefüllt wird. Ein Collinsglas zur Hälfte mit Eis füllen. 4 cl Gin und 4 cl Apricot Brandy darübergießen. Mit dem Saft von ½ Zitrone und 2 Spritzern Angostura Bitter abschmecken, mit Ginger Ale oder Sodawasser auffüllen und umrühren. Mit 1 Zweig Minze dekorieren.

Longdrinks mit weißem Rum

Die Heimat der Rumdrinks sind die Inseln der Karibik. Das ist nicht verwunderlich, denn von dort kommt auch der Rum. Für die meisten Drinks brauchen wir weißen Rum, doch brauner Rum (kein Verschnitt) kommt mehr und mehr en vogue.

Cuba libre *

Der bekannteste und einfachste aller Rumdrinks. Er ist die USA-Cuba-Connection während der Prohibition.
1 Limette in ein Collinsglas auspressen, die Schalen hinzugeben und mit dem Barlöffel ausdrücken. Eisstücke darüberhäufen, 6 cl cubanischen Rum dazugießen und mit Coca Cola auffüllen. Nur leicht umrühren.
Anmerkung: Bacardi hat seinen Auszug aus Cuba nicht verwunden: Dieser Drink heißt in den Firmenprospekten »Bacardi Cola«.
Einfache Variante: *Rum Coke* aus Cola, Jamaica Rum und 1 Zitronenscheibe.

Mojito *

Einfach wie viele Rumdrinks, bei denen man einen exotischen Obstsaft mit Rum mischt.
In einem Becherglas von 0,25 l im Saft von ½ Limette ½ Teelöffel Zucker auflösen. 1 Zweig frische Minze hineinstellen und mit dem Löffel etwas an-

quetschen. Eisstückchen und 5 cl Havana Club Rum dazugeben. Mit Sodawasser auffüllen, mit 1 Limettenscheibe und 1 Minzeblatt garnieren.

Planter's Punch oder Planteur

Ein Klassiker, für den es zahlreiche Rezepte gibt. Hier zwei Möglichkeiten:
6 cl Jamaica Rum, den Saft von ½ Limette, 1–2 cl Grenadinesirup und 8 cl Orangensaft mit zerstoßenem Eis gut schütteln. In ein zur Hälfte mit Eis gefülltes Longdrinkglas seihen. Mit 1 Cocktailkirsche und 1 Orangenscheibe garnieren. Mit zwei Trinkhalmen servieren.

Planter's Punch Nr. 2

3 cl weißen Rum (Bacardi), 3 cl Jamaica Rum (Myers), 3 cl Orangensaft, 3 cl Ananassaft, 3 cl Grapefruitsaft und 1 cl Grenadinesirup mit Eiswürfeln schütteln. In ein Longdrinkglas seihen und mit ½ Orangenscheibe, 1 Stück Ananas sowie 1 Schnitz Grapefruit garnieren. Mit Trinkhalmen servieren.
Varianten: Nimmt man statt Grenadinesirup Mango- oder Bananensirup, verändert das den Geschmack ziemlich.

Rum Twister*

Ein erfrischender Drink von den Bahamas.
Den Saft von 1 Limette, 5 cl weißen Rum und 1 cl Cointreau mit kleingehacktem Eis schütteln. In ein zur Hälfte mit kleingehacktem Eis gefülltes Longdrinkglas seihen. Mit Sodawasser auffüllen und mit 1 Limettenscheibe garnieren. Mit Trinkhalmen servieren.

Bahia*

Seit es »Cream of Coconut« in Dosen gibt, kann man die karibischen Drinks, für die frische Kokosmilch benötigt wird, auch bei uns problemlos mixen.
6 cl weißen Rum, 8 cl Ananassaft und 2 cl Coconut Cream im Shaker mit Eis sehr kräftig schütteln (oder mit dem Mixstab gründlich verquirlen). In ein mit kleingehacktem Eis halb gefülltes Longdrinkglas seihen und mit Ananasstücken garnieren. Mit Trinkhalmen servieren.

Pina Colada

Bild Seite 27

6 cl braunen Rum (Jamaica), 6 cl Ananassaft, 2 cl Coconut Cream und 1 cl Sahne auf Eis sehr kräftig schütteln. In ein zur Hälfte mit zerschlagenem Eis gefülltes Longdrinkglas seihen, mit 1 Ananasscheibe und 1 Cocktailkirsche garnieren. Mit Trinkhalmen servieren.
Mein Tip: Um die Coconut Cream für gelegentlichen Bargebrauch haltbar zu machen, mischt man sie eins zu eins mit weißem Rum. Den Doseninhalt im Wasserbad verflüssigen, mischen, in eine Flasche füllen, im Kühlschrank aufheben. Beim Gebrauch die Dosierung ausprobieren.

Longdrinks mit Brandy

Abgesehen vom guten, alten *Weinbrand Soda* sind Erfrischungsgetränke mit Brandy (Cognac/Weinbrand) nicht allzu häufig. Da es aber eine Reihe Brandy-Fans gibt, sollte man einige Rezepte parat haben.

Brandy Cooler*

Ein großes Glas und viel kleingeschlagenes Eis sind die Voraussetzungen.

1 Teelöffel Zuckersirup (siehe Seite 20), den Saft von ½ Zitrone und 6 cl Weinbrand mit Eisstücken im Shaker schütteln. Ein Collinsglas zur Hälfte mit kleingeschlagenem Eis füllen und die Mischung darüberseihen. Ginger Ale dazugießen. Mit Trinkhalmen servieren.

American Beauty

Großer Cocktail oder kurzer Longdrink, das ist hier die Frage.
3 cl Cognac/Weinbrand, 3 cl Wermut Dry, 3 cl Orangensaft und 2–3 Spritzer Crème de Menthe weiß mit Eisstücken im Shaker kräftig schütteln. In ein Longdrinkglas auf einige Eiswürfel seihen. Mit 2 Cocktailkirschen und ½ Orangenscheibe garnieren. Mit zwei Trinkhalmen servieren. Auf den fertigen Drink vorsichtig 2 cl Tawny Portwein gießen.
Variante: Füllt man das Glas zur Hälfte mit kleingeschlagenem Eis, heißt der Drink *American Beauty Punch.*

The Buck*

Ein Longdrink der Prohibitionszeit, der ursprünglich mit Gin gemacht wurde. Mit Brandy schmeckt er besser!
1 Limette vierteln, 2 Viertel in ein Highballglas ausdrücken, die Viertel ins Glas geben und die restlichen Fruchtviertel zum Saft geben. 2–3 Eiswürfel und 6 cl Cognac/Weinbrand zufügen. Mit Ginger Ale auffüllen und umrühren.

Apple Brandy Cooler

Eine recht erfrischende Mischung, von der man allerdings nicht zuviel trinken sollte (Kombination von zwei Grundspirituosen).
In ein Longdrinkglas 6 cl Cognac/Weinbrand, 3 cl weißen Rum (Bacardi) und 1 Teelöffel Limettensaft geben. 3 Eisstücke zufügen und umrühren. Mit herbem Apfelsaft zu zwei Dritteln auffüllen. Mit 1 Limettenscheibe dekorieren, mit Trinkhalmen servieren. Auf der Oberfläche 1 Teelöffel hochprozentigen Jamaica Rum schwimmen lassen.
Variante: Statt Cognac/Weinbrand Calvados nehmen.

Longdrinks mit Bourbon Whiskey

Aus der Whisk(e)y-Familie verträgt der Bourbon wegen seines vollen aromatischen Geschmacks die Eiseskälte besser als der Scotch. So ist denn der *Scotch Soda* eher ein Verlegenheitsdrink. Bourbon sollte man überhaupt nicht mit Sodawasser trinken, weil es schäumt, dafür aber mit Ginger Ale.

Highball mit Bourbon*

Ein schneller Durstlöscher, der einfach zuzubereiten ist.
In ein mittelgroßes (0,2 l) Glas (Highballglas) einige Eiswürfel geben, dazu 1 Stück Zitronenschale und 4–6 cl Bourbon Whiskey. Mit Ginger Ale auffüllen.
Anmerkung: Obwohl dies das authentische Rezept ist, gibt es auch Gin, Rum oder Brandy Highballs.

Ginger Highball*

Diese überraschende Highball-Variante trank ich in einer New Yorker Bar.
6 cl Bourbon Whiskey in ein Highballglas gießen. Mit einer Knoblauchpresse 1 fingergliedgroßes Stück frischen Ingwer hineinpressen. 3 Eiswürfel dazugeben, umrühren und mit Sodawasser auffüllen.

Mint Julep *

Bild Seite 18

Ihn beschreibe ich ausführlich, sozusagen als Lehrstück für alle ähnlichen Drinks und um zu zeigen, wie präzise man beim Mixen arbeiten sollte. Am besten eignet sich ein Silberbecher mit Henkel (0,3–0,4 l Inhalt) oder ein gleichgroßer Silberbecher mit Fuß und Stiel, denn Silber beschlägt am schönsten. Sonst nimmt man ein ähnliches, dünnwandiges Glas. Im Gefriergerät vorkühlen. In einem Barglas etwa 10 Blätter frische Minze (möglichst kleine von der Spitze der Pflanze), 1 Eßlöffel Zuckersirup (siehe Seite 20) und 1–2 Spritzer Angostura Bitter mit Hilfe eines Barlöffels sorgfältig verrühren; das heißt, die Blätter zwar drücken, aber nicht zerquetschen. 5 cl Kentucky Bourbon Whiskey bester Qualität zugießen, weiterrühren, damit er den Minzgeschmack annimmt. Den Becher aus der Kühlung nehmen, möglichst am Stiel oder Griff, damit wir mit unseren warmen Fingern nicht den Beschlag zerstören. Bis zu 2 Finger breit vom Rand mit Hageleis füllen. Den Barglas-Inhalt hineinseihen – die Minzeblätter bleiben zurück – und mit langem Barlöffel 90 Sekunden umrühren. Neues Eis dazugeben, Bourbon nach Geschmack nachgießen, rühren, bis der Becher eisig beschlägt. Minzezweiglein, deren Stiel man kurz anquetscht, ins Glas stecken. Zwei Trinkhalme dazu, möglichst so kurz oder lang, daß man beim Schlürfen die Nase in die Minze stecken muß. Und dann: aaahh!

Hurricane *

Ein Longdrinkglas zur Hälfte mit kleingeschlagenem Eis füllen. Den Saft von ½ Limette und ½ Orange darübergießen. 4–6 cl Bourbon Whiskey dazugeben und so lange umrühren, bis das Glas von außen beschlägt. Mit je 1 Limetten- und Orangenschnitz dekorieren. Mit Trinkhalmen und langem Cocktailspieß servieren.

The Daisy *

Ein bißchen süß und sehr kalt. Wird traditionell in silbernem oder zinnernem Bierkrug serviert.
4 cl Bourbon Whiskey, 3 cl Himbeersaft, den Saft von ½ Zitrone und ½ Teelöffel Zuckersirup (siehe Seite 20) mit Eis im Shaker schütteln. Einen Krug mit Hageleis zur Hälfte füllen, die Mischung hineinseihen und mit Sodawasser aufgießen. Gründlich umrühren, bis der Krug von außen beschlägt. Mit einigen Himbeeren und 1 Orangenscheibe dekorieren.

Longdrinks mit Wodka und Tequila

Wodkadrinks sind nach wie vor beliebt, das mag an der geschmacklichen Unverbindlichkeit des Wodkas liegen: Man schmeckt den Alkohol nicht, man spürt ihn nur. Und das kann ganz hübsch gefährlich werden. Dagegen haben Drinks mit Tequila einen ausgeprägten Geschmack, sie kommen unserer Vorliebe für Exotik entgegen.

Screwdriver

Ein typischer Wodkadrink, der so heißt, weil er die Hemmungen bei Damen lockert. Die Ahnungslosen trinken Alkohol, wo sie keinen oder nur wenig vermuten.
In 1 Glas Orangensaft gerade so viel Wodka gießen, daß man den Alkohol kaum schmeckt. Je kälter Orangensaft und Wodka sind, um so alkoholhaltiger kann der Drink gemixt werden.
Besonders tückische Variante: *Wodka Cidre.* Lieblicher Cidre wirkt in Kombination mit Wodka wegen des Gehalts von Zucker und etwas Kohlensäure besonders schnell.

Harvey Wallbanger

»Harvey-Knall-an-die-Wand«, nach einem kalifornischen Wellenreiter benannt, ist einer meiner liebsten Longdrinks.
6 cl Wodka, 8 cl Orangensaft und ½ Teelöffel Puderzucker gründlich mit Eis schütteln. Eisstücke in ein Collinsglas geben, den Drink darüberseihen und 1 Eßlöffel Galliano obenauf schwimmen lassen.

Moscow Mule

Dieser »Moskauer Maulesel« ist ebenso erfrischend wie unberechenbar in seiner Wirkung.
Einen Metallkrug oder Glaskrug mit kleinen Eisstücken fast füllen. ½ Limette darüber ausdrükken, 5–8 cl Wodka darübergießen. Wahlweise mit Ginger Ale oder Ginger Bier auffüllen. Mit 1 Stück Limettenschale und 2–3 Gurkenscheiben garnieren.
Anmerkung: Serviert man diesen Drink in einem Collinsglas, dann heißt er *Wodka Twister.*

Greyhound

In ein mit Eisstücken zur Hälfte gefülltes Longdrinkglas 6 cl Wodka und 6 cl Grapefruitsaft geben. Gut umrühren und mit Trinkhalmen servieren.

Casablanca

3 cl Wodka, 2 cl Eierlikör, 2 cl Zitronensaft und 4 cl Orangensaft im Shaker auf Eis kräftig schütteln. In ein mit Hageleis gefülltes Longdrinkglas seihen und mit 1 dünnen Orangenscheibe garnieren. Mit Trinkhalmen servieren.
Variante: Eine Rezeptvariante erfordert noch 1 Teelöffel Galliano, den man aber mitmixt und nicht, wie beim Wallbanger (siehe oben), obenauf schwimmen läßt.

Tequila Sunrise

Der »Sonnenaufgang«-Effekt ist die nach oben steigende Grenadine.
Ein Collinsglas zur Hälfte mit Hageleis füllen. 6 cl Tequila, 1 Spritzer Zitronensaft und 2 cl Grenadinesirup dazugeben. Mit 10 cl Orangensaft langsam aufgießen und vorsichtig umrühren. Das Rot der Grenadine sollte nach oben steigen.

El Diabolo

Dem Sunrise verwandt.
Ein Longdrinkglas zur Hälfte mit Hageleis füllen. ½ Limette auspressen und den Saft darübergeben. 5 cl Tequila und 2 cl Crème de Cassis zugießen. Mit Ginger Ale auffüllen und vorsichtig umrühren.

Vampiro

Stammt aus der westmexikanischen Stadt Guadalajara.
3 cl Tequila, 6 cl Sangrita, 7 cl Grapefruitsaft und 1 Teelöffel Limettensaft kräftig mit Eis schütteln. In ein großes Longdrinkglas seihen und einige Eiswürfel dazugeben. Mit Trinkhalmen servieren.

Pina Colada heißt dieser exotische Longdrink mit Coconut Cream, einer beliebten Neuheit in Mixer-Kreisen. Rezept Seite 23. ▷

1966
HARDY

Longdrinks mit Likören

Mit jedem Likör kann man auf einfachste Art einen köstlichen Longdrink mischen: Ein Glas mit Hageleis oder mit Schnee-Eis füllen und einen Fruchtlikör darübergießen. Das Glas leicht kreisen lassen und ab und zu schlürfen. Die aktuelle Likörpalette reicht vom Barack = Aprikose über Cherry Heering = Kirsche, Amaretto di Saronno = Mandel, Cocoribe = Kokosnuß, Solado = Mandarine, Sabra = Orange, Curaçao bleu = Orange plus blaue Farbe, Monin Triple Lime = Limette, Grüne Banane = Banane plus grüne Farbe, Kiwi Wonder = Kiwi plus grüne Farbe, Pink Melon = Melone in Rosa bis zum Maracujalikör. Neben dem Geschmack ist die knallige Farbe im Glas wichtig.

Erfrischer

Wie alle Likör-Longdrinks ganz einfach.
In ein großes Glas etwas über die Hälfte hagelkleines Eis geben. Mit 4 cl Monin Triple Lime übergießen. 1 Tropfen Angostura Bitter und 1 hauchdünne Limettenscheibe dazugeben. Mit Perrier auffüllen und mit Trinkhalm servieren.

Grüner Junge

2 cl Grüne Banane und 8 cl Orangensaft mit Eis im Shaker schütteln. In ein Longdrinkglas seihen, das zur Hälfte mit Hageleis gefüllt ist.

◁ Ein sogenannter Fancy-Drink, der sich zur Zeit großer Beliebtheit erfreut, ist Caipirinha. Sie brauchen dazu Pitù, einen brasilianischen Zuckerrohrschnaps. Rezept Seite 53.

Blended Comfort

Mit Pfirsicharoma auf Bourbon-Basis wird der älteste Likör der USA, der Southern Comfort hergestellt.
¼ frischen, saftigen Pfirsich (geschält) mit 3 cl Southern Comfort, 3 cl Orangensaft, 2 Eßlöffeln Zitronensaft und 1 Eßlöffel Schnee-Eis im Mixer 15 Sekunden mischen. Ein Collinsglas mit kleingestoßenem Eis füllen. Die Mischung dazugießen, mit Pfirsich- und Orangenschnitz garnieren.

Rusty Long

Mit Drambuie, dem schottischen Vetter vom Southern Comfort.
Eiswürfel in ein Longdrinkglas geben. 4 cl Drambuie und 2 cl Scotch Whisky darübergießen. Mit Ginger Ale auffüllen und mit 1 Zitronenscheibe garnieren.

Tivoli Spezial

3 cl Cherry Heering und den Saft von ½ Zitrone mit kleingeschlagenem Eis schütteln. In ein Becherglas füllen und mit Ginger Ale aufgießen.
Anmerkung: Gießt man einen der Liköre mit Sekt oder Wein auf, steht man schon mit einem Fuß in der Bowlen-Abteilung.

Longdrinks mit Wein

So kann man die modernen Bowlen nennen. Denn zu einer Bowle gehören immer Wein und ein zusätzliches Aroma, das man meist aus Früchten gewinnt. Bowlen von heute sind nicht mehr süß und nur schwach alkoholisch.
Zunächst 4 Rezepte, die wie alle Longdrinks im Glas gemischt werden, danach Vorschläge, die man in einem Bowlengefäß oder Glaskrug ansetzt (Mengen für 4–8 Personen).

Sherry Cobbler

Ein altmodischer Weindrink, noch keine Bowle. Ein großes, bauchiges Weinglas mit zerstoßenem Eis füllen. 1 Teelöffel Zuckersirup (siehe Seite 20), 1 Spritzer Grenadinesirup, 1 Spritzer Cointreau und 9 cl Sherry Fino darübergießen. Das Glas so lange schwenken, bis es beschlägt.

Le Kir

Im Glas gemischt und serviert werden die folgenden drei Bowlen, die man heute gerne als Aperitif trinkt.
In ein Glas sehr kühlen, herben Weißwein – klassisch ist ein Aligoté aus dem Burgund, sonst möglichst ein Elsässer Riesling oder ein Sancerre von der Loire – sowie 1 Teelöffel Crème de Cassis geben und durchrühren.

Un Communiste

1 Glas kellerkühlen Fleurie (Beaujolais) mit 1 winzigen Schuß Crème de Cassis würzen.

Vermouth Blanc de Blancs

In ein großes Glas 2 Eiswürfelchen geben. Einige Male umschwenken. 3 cl Wermut Extra Dry darübergießen, dann 0,1 l Weißwein wie Elsässer Riesling oder Sancerre zufügen und umrühren. Mit hauchdünner Zitronenschale garnieren.

Maibowle

Ein Modell für eine neue Bowle.
Von 4 Flaschen spritzigem, trockenem Mosel (wer es süßer mag, nimmt Gewürztraminer aus Baden oder der Pfalz) 1 Flasche in das gut gekühlte Gefäß geben. 1 Büschel Waldmeister an einen Faden binden und so in den Wein hängen, daß die Stengel herausschauen. Je nachdem, wie kräftig Sie den Waldmeistergeschmack mögen, lassen Sie ihn zwischen 15 und 30 Minuten im Wein baden. Den Waldmeister herausnehmen und die restlichen 3 Flaschen gut gekühlten Wein dazugießen (jetzt auch etwas Zuckerlösung, wenn's unbedingt süßer sein soll). Mit 1 Flasche eiskaltem Sekt auffüllen und sofort servieren.
Mein Tip: Nicht zu große Gläser nehmen und diese auch nur zu drei Vierteln füllen, damit die Bowle im Glas nicht absteht. Man rechnet pro Person ½–¾ Liter Bowle.

Kiwibowle

Ein neues Rezept mit neuer Zutat.
Pro Person 1 Kiwifrucht schälen, in Scheiben schneiden und mit 4 cl Kiwi Wonder übergießen. 1 Stunde ziehen lassen. Die Früchte mit dem Likör in ein gut gekühltes Bowlengefäß geben, mit eiskaltem Sekt und Mineralwasser auffüllen; eventuell mit Kiwi Wonder noch abschmecken.

Meine Weinsorten-Bowlen

Jede Bowle ist so gut wie ihre schlechteste Zutat! Sparen Sie deshalb nicht am Wein. Sie können sogar mit verschiedenen Weinen interessante Geschmacksvarianten erzielen. Nehmen Sie als Grundzutat 500 g Walderdbeeren (ich zuckere sie gar nicht, aber 1 Eßlöffel Zucker schadet dem Kopf nicht), und lassen Sie sie in dem jeweiligen Wein (2–3 Flaschen) 1 Stunde ziehen.

- Die *Moselbowle* ist erfrischend, angenehm säuerlich, und der feine Erdgeschmack hebt das Erdbeeraroma bei trockenem Wein.
- Die *Weißherbstbowle* ist unkompliziert, frischfröhlich und sehr stark erdbeerig (wird von der Farbe her noch unterstrichen).
- Die *Kaiserstühler Bowle* ist süffig, mild und angenehm.
- Die *Pfälzer Bowle* kann je nach Lage rassig oder mild, zart oder kräftig aromatisch sein.

- Die *fränkische Bowle* (die aus dem Bocksbeutel) ist von herber Lieblichkeit, und zu den Walderdbeeren gesellt sich ein Hauch von Heckenrosen.
- Die *Rheingauer Rieslingbowle* ist rassig, elegant und blumig; hier sollte man die Erdbeeren statt 1 Stunde nur ½ Stunde ziehen lassen.
- Die *Beaujolaisbowle* ist rot, harmonisch und von zartem Bukett - Walderdbeeren und Beaujolais passen gut zueinander.
- Die *Bordeauxbowle* ist etwas für Männer; sie ist herb, und man muß die Erdbeeren 2 Stunden ziehen lassen, doch dann geben sie dem Wein einen unvergleichlichen Geschmack.

Kalte Ente

»Alt« und trotzdem voll im Trend.
2 Zitronen (Schale unbehandelt) in sehr dünne Scheiben schneiden, mit 3 Flaschen halbtrockenem Mosel übergießen. 5-10 Minuten ziehen lassen. Mit 1 Flasche Sekt und eventuell mit etwas Mineralwasser aufgießen. Alle Zutaten sollen eiskalt sein.
Variante: 1 Zitrone (Schale unbehandelt) wie einen Apfel schälen; die Schalenspirale soll ganz bleiben. Die Spirale für einige Minuten in 2 Flaschen eiskalten, trockenen Weißwein legen. Die Schale herausnehmen. 1 Flasche Sekt und 1 Flasche Mineralwasser dazugießen. Sofort servieren.

Sangria

Eines der vielen Rezepte für die spanische Bowle.
2 Flaschen roten Rioja mit dem Saft von 4 großen, süßen Orangen mischen. 2 Orangen (Schale unbehandelt) waschen, in Scheiben schneiden und in der Sangria schwimmen lassen. Mit 4 Nelken würzen. Gekühlt 30 Minuten ziehen lassen. Im Krug servieren. Darf mit 2 cl Weinbrand - stilecht mit spanischem - gewürzt werden.

Weiße Sangria

1 Orange (Schale unbehandelt) schälen, so daß eine einzige Spirale entsteht. Dann die Orange selbst mit einem scharfen Messer gründlich von der weißen Haut befreien; das Fruchtfleisch soll ganz frei liegen. 1 l trockenen spanischen Weißwein in einen Glaskrug füllen. Die Schalenspirale wieder um den Orangenball arrangieren und in den Wein legen. 2 Scheiben Zitrone und 1 Eßlöffel Himbeeren (tiefgefrorene geben mehr Aroma ab) dazugeben. 2 Eßlöffel Zucker in etwas Wasser auflösen, dazugießen und mit 1 Stückchen Zimtstange und 2 Eßlöffeln Weinbrand würzen. Mindestens 2 Stunden bei Raumtemperatur ziehen lassen. Über Eiswürfel in handfesten Gläsern servieren und nach Geschmack mit Mineralwasser auffüllen. Die Sangria vor dem Eingießen und vor den Augen der Gäste kräftig durchrühren.

Sangria Pink

1 Orange (Schale unbehandelt) wie oben vorbereiten. In 1 l Rosé oder Weißherbst legen. 2 Pfirsiche schälen und kleinschneiden. Die Pfirsichstücke und 6 Zitronenscheiben (Schale unbehandelt) zur Sangria geben. Mit etwas Curaçao Triple Sec oder Cointreau würzen. Wie die weiße Sangria ziehen lassen und servieren.
Anmerkung: Man kann viel davon trinken, vor allem, wenn man nicht zu sparsam mit Mineralwasser ist.

Longdrinks mit Milch und Kaffee

Milch und Alkohol vertragen sich gut. Die klassischen kalten Milchdrinks sind alkoholisierte Milch Shakes oder Milch Mixes, die man auch Milk Punch nennt, und die Eggnogs (= Eierkrug), die in England und den USA zur Weihnachtszeit auch heiß serviert werden. Als geeiste Kaffeedrinks stelle ich einige Klassiker vor.

Bull's Milk*

1 ganzes Ei, 1 cl braunen Rum, 3 cl Weinbrand und 0,25 l Milch mit Eiswürfeln im Shaker kräftig schütteln oder mit einem Rührstab gut durchmischen. In ein Collinsglas seihen und mit etwas Muskatnuß überreiben.

Gin Milk Punch

1 ganzes Ei, 5 cl Gin, 1 Teelöffel Maraschino und 0,25 l Milch mit Eiswürfeln im Shaker kräftig schütteln oder mit einem Rührstab gut durchmischen. In ein Collinsglas seihen, mit 1 Stück Orangenschale (Schale unbehandelt) servieren.

Varianten: Statt Gin kann man Scotch Whisky, Irish Whiskey oder Cognac nehmen. Dann statt Maraschino einen Teelöffel Zuckersirup (siehe Seite 20) zum Süßen verwenden.

Schottischer Eggnog

Kaum ein Rezeptunterschied zum Milch Punsch/ Milk Punch.

3 cl Scotch Whisky, 2 cl Drambuie, 1 cl Grand Marnier und 1 ganzes Ei mit zerkleinertem Eis im Shaker gründlich schütteln. In ein Collinsglas seihen, mit 0,2 l kalter Milch auffüllen und umrühren.

American Eggnog*

1 Eigelb, 1 Eßlöffel Zucker und 4 cl weißen Rum im Shaker mit Eis kräftig schütteln. In ein großes Glas seihen, mit 0,2 l kalter Milch auffüllen und umrühren. Mit Muskatnuß überreiben und mit Trinkhalm servieren.

Sherry Eggnog

1 Ei, 1 Teelöffel Zuckersirup (siehe Seite 20), 2 cl Sahne, 2 Spritzer Angostura Bitter und 8 cl Sherry Cream mit Eis im Shaker kräftig schütteln. In ein Collinsglas seihen, mit 0,125 l eiskalter Milch auffüllen und dabei umrühren. Mit Muskatnuß überreiben.

Kaffee Greco

Ein großes Glas bis zur Hälfte mit feingeschlagenem Eis füllen. ½ Glas sehr starken, eiskalten Kaffee darübergießen; der Kaffee soll gut gesüßt sein. 1 Likörglas braunen Rum dazugeben. 1 Minute kräftig rühren. Durch ein Sieb in ein Glas gießen und sofort servieren.

Mazagran*

1 Tasse starken, kalten Kaffee mit 1 Stück Eis und 1 kräftigen Schuß Cognac in ein Glas geben. Mineralwasser zum eventuellen Verlängern dazu servieren.

Varianten: Statt Cognac kann Kirschwasser, Marc, Calvados, Cointreau oder Grand Marnier genommen werden.

Rum Mocha*

Ein großes Glas bis zur Hälfte mit Vanille-Eiscreme füllen. 2 Eßlöffel feingehacktes Eis daraufgeben und 6 cl weißen Rum darübergießen. Mit heißem, starkem Kaffee auffüllen und umrühren.

Pflanzer-Kaffee*

0,125 l kalten, starken Kaffee mit 5 cl Cognac und 1 kleinen, in Stücke geschnittenen Banane sowie einigen Löffeln Schnee-Eis im Mixer bei hoher Geschwindigkeit zu schaumiger Masse werden lassen. In einem Henkelglas servieren.

Alkoholfreie Drinks, bei denen man weder auf den Spaß am Mixen noch auf die Lust am raffinierten Geschmack verzichten muß, sind mehr und mehr gefragt. Da gibt es die Autofahrer, die ihren Durst nicht nur mit Wasser oder Saft pur löschen wollen, aber nichts Alkoholisiertes trinken dürfen, denn Alkohol am Steuer ist kein Kavaliersdelikt. Da gibt es die Sportler, die zeitweilig auf Alkohol verzichten wollen, und jene Leute, die, aus welchen Gründen auch immer, auf Alkohol verzichten müssen. Und schließlich haben Kinder, die noch keinen Alkohol trinken dürfen, auch Anspruch auf leckere Drinks. Ihnen allen kann ich in diesem Kapitel einfache und raffinierte Rezepte anbieten, die so gut schmecken, daß man gar keine Sehnsucht nach alkoholisierten Drinks mehr hat.

Alkoholfreie Drinks mit Limonaden und Mineralwasser

Natürlich kann man Coca Cola, Ginger Ale oder Mineralwasser pur trinken. Doch in ein Mixbuch gehören Rezepte. Die Beispiele, die ich gebe, lassen sich variieren, ist doch das Angebot groß und reicht von Tonic über Bitter Lemon zu Grapefruit-, Orangen- und Zitronen-Fruchtsaftgetränken, zu Colas und Ginger Ales. Bei den Mineralwässern kommen für Drinks nur die »lauten«, kohlensäurehaltigen in Frage. Künstliche wie Sodawasser schätze ich hier nicht so sehr.

Shirley Temple

Ein Klassiker für Kinder, wie er bei Sardi's, New York, angeboten wird.
In ein großes Champagnerglas etwas zerstoßenes Eis geben, darüber 1 Spritzer Grenadinesirup. Halb mit Seven Up, halb mit Ginger Ale auffüllen. Mit Cocktailkirsche und Rührer (Stirer) servieren.

Ginger Gold

3 cl frischen Orangensaft, 3 cl Ananassaft und 3 cl Grapefruitsaft in ein Longdrinkglas mit Eiswürfeln geben. Mit Ginger Ale auffüllen.

Happy Few

4 cl Ananassaft mit 3 Eiswürfeln in ein Longdrinkglas geben, dazu einige abgezogene Orangenspalten. Mit Orangenlimonade (Schweppes oder Sinalco) auffüllen.

Lizard Dawn

½ Pfirsich schälen, in schmale Spalten schneiden und zusammen mit zerschlagenem Eis in ein hohes Glas füllen. 1 cl Grenadinesirup darüberlaufen lassen. Mit Grapefruit Dry (Schweppes) auffüllen. Nicht umrühren.

Lemon Ginger

Ein hohes Glas zur Hälfte mit zerschlagenem Eis füllen. 3–4 cl Rose's Lemon Squash darübergießen. Mit Ginger Ale auffüllen und umrühren. Mit Trinkhalm servieren.

Aladin

Ein Drink für den Kindergeburtstag.
Ein Longdrinkglas mit einem Zucker-Crusta-Rand (siehe Rezept Brandy Crusta Seite 49) versehen. 2 Eiswürfel, 1 Eßlöffel Himbeersaft und 2 Eßlöffel gezuckerte, leicht angequetschte Johannisbeeren hineingeben. Mit Mineralwasser auffüllen. Zum Umrühren mit einem Himbeer-Dauerlutscher dekorieren.

Ice Cream Soda

1890 gab es mehr Soda Fountains als Bars in New York. In ihnen wurden - vornehmlich an Damen - die um 1874 erfundenen Ice Cream Sodas ausgeschenkt.
In ein Becherglas 2–3 cl Fruchtsirup, zum Beispiel Orange, gießen. Darauf 2 cl Sahne und 1 Kugel Vanille-Eiscreme geben. Zu drei Vierteln mit Mineralwasser auffüllen. Mit 1 Kugel Orangen-Eiscreme abschließen. Mit Schlagsahne und Orangenschnitz garnieren. Mit Löffel und Trinkhalm servieren.
Varianten: Andere Sirupe und Eissorten verwenden.

Eiscreme mit Cola

In ein hohes Glas 1 Kugel Zitronensorbet geben, etwas Zitronensaft darüberträufeln. Halb mit Coca Cola und halb mit Bitter Lemon auffüllen. Noch 1 Kugel Eis dazugeben. Mit Löffel und Trinkhalm servieren.

Alkoholfreie Drinks mit Fruchtsäften

Noch nie war das Angebot an Fruchtsäften so groß und durch tropische Früchte so reichhaltig wie heute. Mit Experimentierfreude und Fantasie kann man die köstlichsten alkoholfreien Drinks mischen. Man braucht keine Angst vor Unbekömmlichkeiten haben, da der Alkohol fehlt. Hierher gehören auch die in jeder Bar so wichtigen Fruchtsaftkonzentrate, die entsprechend verdünnt werden müssen. Die international bekanntesten sind Rose's Lime Juice sowie Lemon Squash und Orange Squash von der gleichen Firma.

Pussyfoot

Wurde während der Prohibition erfunden und nach dem Anti-Alkohol-Agenten »Pussyfoot« Johnson benannt.
1 cl Grenadinesirup, 2 cl Rose's Lime Juice, 5 cl Orangensaft und 5 cl Ananassaft im Shaker mit Eis kräftig schütteln und in ein mit zerschlagenem Eis gefülltes Longdrinkglas seihen.

Tropenmix

5 cl Ananassaft, 5 cl Orangensaft, 4 cl Mangonektar, 1 cl Grenadinesirup und 1 cl Zitronensaft im Rührglas mit Eis gut vermischen. In ein Longdrinkglas mit 2 Eiswürfeln seihen. Mit Trinkhalm servieren.

Cocokiss

3 cl Coconut Cream (siehe Seite 23), 3 cl Sahne, 3 cl Ananassaft und 4 cl Orangensaft auf Eis im Shaker kräftig schütteln. In ein mit zerschlagenem Eis gefülltes Longdrinkglas seihen.

Florida

2 cl Maracujasirup, 2 cl Lemon Squash, 4 cl Ananassaft, 4 cl Orangensaft und 4 cl Grapefruitsaft auf Eis im Shaker kräftig schütteln. In ein Longdrinkglas mit Eiswürfeln seihen, mit Ananasstükken und Orangenscheibe garnieren. Mit Trinkhalm servieren.

Grapefruitcocktail

6 cl Grapefruitsaft mit Fruchtfleischstückchen vermischen, mit weißem Traubensaft nach Geschmack verdünnen. Nach Belieben mit Zuckersirup (siehe Seite 20) süßen und in einem Longdrinkglas mit Eiswürfeln, zwei Trinkhalmen und Löffel servieren.

Sekt für Kinder

In ein großes Sektglas 1 Stück Zucker geben, mit einigen Tropfen Angostura Bitter beträufeln. 100 g weiße Trauben entsaften, darübergießen und mit etwas Mineralwasser zum Schäumen bringen.

Feiner Fruchtpunsch

Titelbild

Eine Art Obstsalat zum Trinken.
Ein Becherglas abwechselnd mit Kiwischeiben, Cocktailkirschen, Melonenkugeln, Orangenscheiben und Hageleis füllen. 2 Spritzer Angostura Bitter dazugeben, mit etwas Orangensaft und mit Orangenlimonade auffüllen. Mit Orangenscheibe und Minzeblättern garnieren und mit Trinkhalmen servieren.

Obstcobbler

Sieht attraktiv aus und schmeckt gut.
Ein Stielglas zur Hälfte mit kleingeschlagenem Eis füllen und glätten. 1 Pfirsichhälfte mit der Kernhöhlung nach unten daraufgeben (frische Pfirsiche bitte abziehen) und mit Walderdbeeren oder tiefgefrorenen Himbeeren belegen. Mit Sauerkirschsaft oder Kirschmost so übergießen, daß sich das Eis rot vollsaugt. Dann mit Apfelsaft vorsichtig auffüllen.

Tomapfel

9 cl Tomatensaft und 6 cl naturtrüben Apfelsaft mit 1 Stück Eis verrühren. Den Eiswürfel herausnehmen. Mit ganz wenig geriebener Muskatnuß und gemahlenem Ingwer bestreuen.

Alkoholfreie Drinks mit Milch

Milch läßt sich vorzüglich mit Frucht- oder Gemüsesäften zu Drinks kombinieren. Es sind auch Buttermilch, Joghurt und Kefir bestens geeignet. Wichtig ist das gründliche Verquirlen der Zutaten, am besten mit dem Handmixer, und das sofortige Servieren. Eiseskälte ist nicht immer nötig. Folgende Beispiele können mit etwas Fantasie leicht variiert werden.

Schwarze Milch

0,125 l schwarzen Johannisbeersaft mit 0,25 l Milch verquirlen. Runder wird's, wenn man den Johannisbeersaft zuerst mit 1 Eigelb schlägt. Die Zutaten sollen kühlschrankkalt sein.

Erdbeermilch

Bild Seite 37

250 g tiefgefrorene Erdbeeren antauen lassen und mit Zucker bestreuen. Zusammen mit 0,5 l Milch im Mixer mixen. Dann, vor dem Servieren, mit weiteren 0,5 l Milch und 0,25 l Mineralwasser auffüllen.

Erdbeerfrappé

0,5 l Milch mit 250 g Erdbeeren (frisch oder tiefgefroren) und 2 Kugeln Erdbeer-Eiscreme im Mixer oder mit dem Mixstab gründlich verquirlen. In zwei Gläser füllen und mit je 1 Erdbeere garnieren.
Varianten: Pfirsiche, Aprikosen oder Birnen mit Vanille-Eiscreme, Himbeeren oder Brombeeren mit Himbeer-Eiscreme kombinieren.

Dicke Sine

Ein guter und gesunder Drink für jeden Kindergeburtstag.
0,125 l Dickmilch mit 0,125 l Blutorangensaft verquirlen. In ein großes Glas gießen, mit einem Schuß Mineralwasser aufschäumen. Mit Trinkhalm servieren.

Borani

Menge für 4 Portionen.
2 Becher Joghurt in den Mixer geben, salzen und mit der Pfeffermühle übermahlen. 0,5 l Wasser dazugießen. Die abgeriebene Schale von 1 Zitrone (Schale unbehandelt), 1 Messerspitze Chilipulver und ½ Teelöffel frische, gehackte oder ¼ Teelöffel zerbröselte, getrocknete Minze hineingeben.
1 Minute lang verquirlen. Das geht natürlich auch mit dem Handmixer. 1 Stunde in den Kühlschrank stellen. Gut durchgerührt in vorgekühlten Gläsern servieren.

Fenchelkefir

Ein gesunder Drink. Menge für 4 Portionen.
1 Apfel schälen, vierteln und das Kerngehäuse entfernen. 1 Banane schälen und in Stücke schneiden. 1 Fenchelknolle putzen, den Strunk entfernen und die Knolle in Stücke schneiden. Die Apfel-, Bananen- und Fenchelstücke in den Mixer geben und zusammen mit 1 Becher (500 g) fettarmem Kefir pürieren. Nach Geschmack mit Honig leicht süßen. Mit Fenchelkraut bestreut in Gläsern servieren.

Alkoholfreie Drinks mit kaltem Kaffee

Kalter Kaffee darf kein alter Kaffee sein. Kaffee von gestern schmeckt nicht. Der Kaffee muß frisch gebrüht und schnell abgekühlt werden, da sonst Aromastoffe verlorengehen, der Kaffee bitter wird und »leer« schmeckt. Kaffee für kalte Drinks muß immer stark sein, damit ihn die Eiswürfel nicht verwässern können.

Eiskaffee

Menge für 4 Portionen.
Aus 0,6 l Wasser und 4 gehäuften Eßlöffeln Kaffeepulver einen starken Filterkaffee zubereiten. Schnell abkühlen. Mit jeweils 1 Stück Vanille-Eiscreme in vier hohen Gläsern servieren. Kann mit Schlagsahnehaube gekrönt werden, die wir mit geriebener Bitterschokolade bestreuen. Eiskaffee serviert man mit Trinkhalm und Löffel.

Rahmkaffee

Menge für 2 Portionen.
Aus 0,4 l Wasser und 3 gehäuften Eßlöffeln Kaffeepulver einen starken Filterkaffee zubereiten. Schnell abkühlen und im Eisbereiter zu Würfeln gefrieren lassen. Die Eiswürfel auf zwei hohe Gläser verteilen und mit zimmerwarmer Sahne übergießen. Umrühren, abwarten und Kaffee trinken. Man darf statt Sahne auch Milch nehmen.

Immer reizvoll und bekömmlich sind alkoholfreie Drinks ▷ mit Milch und aromatischen Früchten. Die Erdbeermilch mögen Kinder besonders gern. Rezept Seite 35.

Kardamomkaffee

4 Bananenscheiben zerdrücken, mit 0,1 l starkem, eiskaltem Kaffee, 1 Teelöffel Zucker und 2 Eßlöffeln Sahne mit dem Mixstab schaumig rühren. Mit 1 Eiswürfel in hohem Glas mit gemahlenem Kardamom bestreut servieren.

Kaffee Tonic

Eiswürfel in ein hohes Glas geben. Das Glas mit starkem, kaltem Kaffee zur Hälfte füllen und mit Zuckersirup (siehe Seite 20) nach Geschmack süßen. Umrühren und mit Tonic Water auffüllen.

Kaffee Cola

0,125 l starken, kalten Kaffee (siehe Rezept Eiskaffee Seite 36) mit 2 Eßlöffeln Sahne verrühren. In ein Longdrinkglas 2–3 Eiswürfel geben, den Kaffee darübergießen und das Ganze mit Coca Cola auffüllen.

Alkoholfreie Drinks mit kaltem Tee

Kalter Tee ist erfrischend und durstlöschend, egal ob es um schwarzen oder um Kräutertee geht. Kalter Tee behält seinen Geschmack und seine Frische etwa 4 Stunden. Wird er trübe, gießt man etwas heißes Wasser zu und kühlt den Tee wieder ab.

◁ Nicht nur schwarzer Tee eignet sich gut für kalte Durstlöscher. Probieren Sie außer dem in Amerika so beliebten Eistee (im Bild vorne) auch einmal den Roten Apfeltee (im Bild hinten). Rezepte auf dieser Seite.

Eistee

Bild gegenüber

Seit der Erfindung im Jahr 1904 auf der Weltausstellung von St. Louis ist er Amerikas sommerliches Nationalgetränk.
Schwarzen Tee doppelt so stark brühen (2 Teelöffel Teeblätter pro Tasse), nur 5 Minuten ziehen lassen und in zu zwei Dritteln mit Eiswürfeln gefüllte Gläser gießen. Zucker und Zitrone nach Geschmack. 1 Minzeblatt in jedem Glas ist nicht nur dekorativ.

Teebowle

Tee so stark wie für Eistee brühen. Zu 0,5 l Tee den Saft von 2 Orangen und 2 Zitronen geben. Abkühlen. Gläser zur Hälfte mit Eis füllen, den Tee hineingießen und eventuell mit Zuckersirup (siehe Seite 20) süßen. Umrühren. Mit einem Schuß Mineralwasser aufschäumen.

Roter Apfeltee

Bild gegenüber

Ein attraktives und erfrischendes Getränk für Kinder.
1 Beutel oder 1 Eßlöffel Hibiskustee (rote Malve) zusammen mit 1 Eßlöffel getrockneten Apfelschalen (kann man als Tee kaufen) mit 0,5 l kochendem Wasser brühen. 10 Minuten ziehen lassen. Den roten Drink abgießen, nach Geschmack süßen und kalt werden lassen. Mit 1 Apfelstück an einem Cocktailspieß in Gläsern servieren.

Zitronentee

Den Saft von 3 Zitronen mit 4 Eßlöffeln Wasser verdünnen und im Eisfach zu Würfeln gefrieren lassen. 1 l starken Pfefferminztee kochen, leicht zuckern und abkühlen lassen. Den Tee in Gläser gießen, die Zitroneneiswürfel hineingeben und mit frischen Minzeblättern garnieren.

Heiße Drinks für kalte Stunden

Wir trinken am liebsten Grog; sein Vetter, der Glühwein, ist allgemein der bekannteste. Die heißen Punsche sind ein wenig aus der Mode gekommen. An einem kalten Winterabend, auf einer Berghütte oder bei steifer Brise an oder auf der See sind sie jedoch ein Labsal. Wobei Punsch nicht unbedingt ein dampfender Topf, gefüllt mit mehreren Flaschen, bedeutet, er kann auch portionsweise zubereitet werden.
Die alkoholisierten Kaffees sind bartechnisch gesehen das Rückgrat dieser Abteilung: an ihrer Spitze der Irish Coffee und seine italienischen und französischen Verwandten. Und wer von der Milch nicht lassen kann, auch sie gibt es heiß und alkoholisiert.
Wichtig für alle Hot Drinks: So, wie Longdrinks eiskalt sein müssen, sollen die Grogs, Toddys und Café Brûlots heiß sein.

Deutscher Grog

Kochendes Wasser in beliebiger Menge in ein stand- und hitzefestes Glas (Grogglas) gießen. Einen Löffel oder ein gläsernes Grogstäbchen zur Hitzeableitung hineinstellen. Mit 1 Stück Zukker süßen, mit Jamaika-Rum-Verschnitt auffüllen und umrühren.

Eiergrog

Im Grogglas 1 Eigelb mit Zucker verrühren, bis es weiß wird. Dann zweimal die Eierschalenhälfte voll Rum (Verschnitt) dazugießen. Unter Umrühren vorsichtig mit heißem Wasser auffüllen.

Englischer Grog oder Toddy

6 cl Scotch Whisky mit 2–3 cl Zitronensaft heiß werden lassen und in ein Grogglas gießen. Mit viel oder wenig fast kochendem Wasser auffüllen. Eventuell nach Geschmack süßen. 1 Zitronenscheibe, mit 2 Nelken besteckt, darin schwimmen lassen.

Helgoländer Grog

An der Grenze zu den Glühweinen und heißen Punschen.
2 Stücke Kandiszucker mit 1 Zitronenscheibe ins feuerfeste Glas geben. Mit einem Schuß kochendem Wasser den Kandis zerspringen lassen. Erwärmten Rum (Verschnitt) dazugießen und die Stärke mit Rotwein regeln.

Tee von Sumajada

Sollte wegen seiner alkoholischen Stärke vorsichtig getrunken werden.
0,25 l Slivovitz heiß werden lassen. 125 g Zucker unter Rühren in einem Topf leicht karamelisieren. Vom Herd nehmen und mit dem heißen Slivovitz ablöschen. 1 Eßlöffel Honig unterrühren und sofort in vorgewärmten, kleinen Teetassen servieren.

Jagertee

Es gibt auf Tiroler Berghütten viele Rezeptvarianten.
0,125 l starken, heißen Tee mit einem guten Schuß Weiß- oder Rotwein, Obstler und Rum mischen, so daß die Menge 0,25 l ergibt. Erhitzen, aber nicht zum Kochen bringen. 1 Stück braunen Kandiszucker unter Rühren darin zerspringen lassen. Im Steinkrug servieren.

Roter Glühwein

Bild 3. Umschlagseite

Ein freundlicher, nicht zu starker Warmmacher.
Menge für 6 Portionen.
2 Flaschen Rotwein mit 3 Eßlöffeln Zucker, 2 Eßlöffeln Kandiszucker und 2 Nelken auf dem Herd zum Sieden bringen; nicht kochen. 15 Minuten ziehen lassen. In feuerfesten Gläsern mit je 1 Orangen- und ½ Zitronenscheibe (unbehandelte Früchte) servieren.

Seehund

Nur echt mit den Rosinen. Menge für 4 Portionen. 1 Eßlöffel gewaschene Rosinen in Rum 2 Stunden quellen lassen. 1 Flasche Weißwein mit 1 Stück Zitronenschale und ½ Stange Zimt erhitzen, aber nicht kochen. Die Rosinen auf vorgewärmte Punschgläser verteilen und mit dem heißen Würzwein aufgießen.

Apple Jack

Das weiche Innere von ½ heißen Bratapfel in ein feuerfestes Glas geben, dazu 1 Stück Würfelzukker und 6 cl Calvados. Mit kochendheißem Apfelsaft auffüllen, umrühren und mit geriebener Muskatnuß bestäuben.

Brustwärmer

1 Eigelb mit 1 Eßlöffel Zucker verrühren. 1 Teelöffel Honig und 2 cl Cointreau dazugeben. 8 cl Bordeaux angießen und alles unter Rühren (Schneebesen) erhitzen, aber nicht kochen. In ein Punschglas gießen und 1 dünne Orangenscheibe darauf schwimmen lassen.

Hot Bullshot

Eine Suppe für Trinker.
9 cl Consommé double (Lacroix) erhitzen. In ein Henkelglas oder eine Tasse 5 cl Wodka geben, mit 1 Spritzer Tabasco und 3 Spritzern Worcestersauce würzen, mit heißer Consommé aufgießen. Leicht salzen und pfeffern oder Onion Pepper (Spice Islands) daraufstreuen. Mit 1 Sellerieblatt garnieren.
Variante: Nimmt man statt Consommé Tomatensaft und statt dem Sellerieblatt 2 Limettenscheiben, bekommt man eine *Heiße Maria.*

Negus

Namensgeber ist nicht der Kaiser von Äthiopien, sondern ein englischer Colonel aus dem 18. Jahrhundert.
Zu 1 Flasche Portwein die gleiche Menge kochendes Wasser und den Saft von 1 Zitrone gießen. 2 Scheiben Zitrone und Zucker nach Belieben dazugeben. Umrühren und portionsweise servieren.

Kardinal

Menge für 6 Gläser.
1 Orange (Schale unbehandelt), mit 12 Nelken besteckt, im Ofen bei 140° 30 Minuten backen. Die Orange vierteln und mit 1 l Beaujolais, 1 Eßlöffel Honig und 1 Teelöffel schwarzen Pfefferkörnern in einem Topf 20 Minuten ganz sanft sieden lassen. Etwas Cognac daraufspritzen. In vorgewärmten Gläsern, ohne Orange und Pfefferkörner, servieren.

Punsch nach Old Klevers Rezept

Aus dem Nachlaß meines Großvaters Eugen Klever, der ein Schnapsbrenner am Niederrhein war.
1 Orange (Schale unbehandelt) mit 125 g Würfelzucker abreiben. Die Orange auspressen. Die Zuckerstücke mit 0,5 l Wasser zum Kochen bringen. 1 Flasche trockenen Mosel erhitzen und zugießen. Mit dem Orangensaft und dem Saft von 1 Zitrone mischen. Vor dem Servieren 0,1 l Jamaica Rum, 6 cl Tawny Portwein und 2 cl Boonekamp unterrühren.

Pharisäer

Stammt aus der norddeutschen Grog-Ebene.
In eine große Kaffeetasse einen ordentlichen Schuß Jamaica Rum gießen. 1 Teelöffel Zucker dazugeben und mit starkem, heißem Kaffee auffüllen. Mit einer Schlagsahnehaube krönen.

Irish Coffee

Bild Seite 47

4 cl Irish Whiskey im Irish-Coffee-Glas eben anwärmen. 2 Teelöffel braunen Zucker dazugeben und mit heißem Kaffee bis anderthalb Finger breit unter dem Rand auffüllen. Gut umrühren. Sahne leicht schlagen und von einem großen Löffel ins Glas gleiten lassen. Vom Rand her beginnen. Die Sahne soll auf dem Kaffee schwimmen; das klappt nur, wenn der Kaffee ausreichend gesüßt ist.

Mexican Coffee

3 cl Tequila und 2 cl Kahlúa anwärmen. Wie oben in ein Glas mit heißem Kaffee gießen. 2 Teelöffel Zucker dazugeben. Weiter wie beim Irish Coffee.

Italian Coffee

Die gleiche Zubereitung wie beim Irish Coffee mit 2 cl italienischem Brandy, 2 cl Amaretto, 1 Tasse Espresso, Zucker und Sahne.

Café Brûlot*

4 cl Cognac in einem Punschglas erwärmen. Heißen Kaffee dazugießen und mit je 1 Stückchen Zitronen- und Orangenschale, 1 Nelke und etwas Zimtrinde würzen. Würfelzucker dazu servieren.

Die Rum-Kuh

0,25 l Milch bis fast zum Kochen bringen. 2 Eßlöffel Honig darin auflösen. 4 cl Jamaica Rum zugießen, umrühren und so heiß wie möglich trinken.

Severin's Milk

4 cl Gin mit 1 Teelöffel Traubenzucker verrühren. Mit 0,1 l fast kochender Milch aufgießen. Sofort servieren.

Irische Milchwirtschaft

5 cl Bailey's Irish Cream in ein feuerfestes Glas geben, mit 0,1 l kochender Milch aufgießen und vorsichtig verrühren. Die Proportionen sind übrigens Geschmacksache.
Variante: Mit einer richtigen Espressomaschine kann man ein Täßchen voll Irish Cream mit heißem Dampf aufschäumen. Sofort schlürfen.

Cocktails – klassisch und modern

Über die Herkunft des Namens gibt es mehrere Versionen. Sicher ist, daß die Bezeichnung »Cocktail« erstmals in der Zeitschrift »The Balance« am 13. Mai 1806 in New Orleans auftauchte und als ein »stimulierendes Getränk aus Alkohol verschiedenster Art mit Zucker, Wasser und Bitter« beschrieben wurde. Über diese Definition sind die heutigen Wörterbücher nicht hinausgekommen, sie haben höchstens noch »eisgekühlt« hinzugefügt.
Dabei ist ein Cocktail ganz präzise zu definieren. Ursprünglich als Aperitif gedacht, wird er in kleiner Menge serviert und basiert auf einer starken Spirituose. Ein guter, echter Cocktail soll weder zu süß, noch zu nahrhaft (mit Eiern und Sahne), noch zu fruchtig sein. Er soll den Appetit anregen, und er soll immer sehr kalt sein. Ausnahmen bestätigen die Bar-Regel.
Heute sind Cocktails Relaxer für Nachmittag und Abend. Eine unerschütterliche Minderheit von Barflies (Thekenhockern) jedoch pflegt immer noch den Wahlspruch »Every time is Cocktailtime« - Cocktails kann man immer trinken.

Cocktails mit Gin

In einer Sammlung von 500 Cocktailrezepten habe ich 105 gezählt, die man als Gin-Drinks bezeichnen kann. Allerdings sind die Unterschiede von Rezept zu Rezept oft minimal. Der Cocktail aller Cocktails ist der *Martini Dry.* Er wurde um 1860 in San Francisco erfunden. Gin ist seine Basis, und es muß ein guter Gin sein. Das gewünschte Aroma gibt ihm ein qualitativ ebenbürtiger Wermut Extra Dry. Das Verhältnis von Gin und Wermut zueinander bewegt die Barfachleute und Trinker in aller Welt und hat »Martini-Schulen« ins Leben gerufen. Man trinkt Martini im Verhältnis eins (Wermut) zu elf (Gin) = knochentrokken; eins (Wermut) zu sieben (Gin) = sehr trocken. In Kontinental-Europa wird er so gerührt:

Martini Dry *

5 cl Gin und 1 cl Wermut Extra Dry in ein Rührglas geben, in dem reichlich sehr kalte Eiswürfel sind. Eventuelles Schmelzwasser vorher abgießen. Mit einem Barlöffel in einer Richtung rühren und dabei im Kopf bis zwanzig zählen. Den Drink sofort in ein vorgekühltes Glas seihen und mit 1 Stückchen Zitronenschale (Schale unbehandelt) abspritzen. Geben wir eine Olive dazu, dann eine grüne mit Kern.
Den Martini in drei bedächtigen Schlucken trinken und zum Schluß die Olive genüßlich zerbeißen. Dabei den nächsten Martini bestellen.
Mein Tip: Die Zitronenschale drücken wir so zwischen Zeigefinger und Daumen, daß die in ihr enthaltenen ätherischen Öle auf der Martini-Oberfläche feine Schlieren bilden.
Variante: Gibt man statt der Olive 1 oder 2 Perlzwiebelchen dazu, heißt der Drink *Gibson*.*

Martini Medium *

Im Geschmack sanfter und von zarter Farbe.
4 cl Gin mit 1 cl Wermut Dry und 1 cl Wermut Rot auf Eis rühren. In ein Cocktailglas seihen.

Gin French *

Ein Südweinglas gut vorkühlen. 3 cl eiskalten Gin und 3 cl eiskalten Wermut Dry ins Glas gießen und sofort servieren.

Pink Gin *

Eindeutig kräftig im Geschmack.
Ein Cocktail- oder Sherryglas gut vorkühlen. Mit einigen Spritzern Angostura Bitter ausschwenken. 5 cl eiskalten Gin dazugießen.

Haberfield*

Dieser und die beiden nächsten Cocktails leben vom kleinen Geschmacksunterschied.
4 cl Gin, 1 cl Wermut Dry und 1 cl Zitronensaft mit Eis im Shaker schütteln. In ein Cocktailglas seihen.

Bronx*

4 cl Gin, 2 cl Wermut Weiß und 3 cl Orangensaft mit Eis im Shaker kräftig schütteln. In ein vorgekühltes Cocktailglas seihen. Durch Variieren der Wermutsorten wird der Drink süßer oder trockener.

Orange Blossom*

5 cl Gin, 5 cl Orangensaft und 1 Spritzer Orangenblütenwasser mit Eis im Shaker schütteln. In ein vorgekühltes Cocktailglas seihen.
Mein Tip: Orangenblütenwasser bekommt man in der Apotheke.

White Lady*

Bereitet man sie mit einem Eiweiß zu, wird ein *Club Cocktail** daraus, den man vor dem Essen trinkt. Er wird im Ballonglas serviert. Kräftig schütteln, damit das Eiweiß beim Abseihen schäumt. Die einfachere Form geht so:
4 cl Gin, 2 cl Zitronensaft und 2 cl Cointreau mit Eis im Shaker schütteln. In ein vorgekühltes Cocktailglas seihen.

Gin Gimlet*

Ein Getränk mit Rose's Lime Juice. Kann auch mit anderen Basis-Schnäpsen wie Wodka, Rum oder Tequila gerührt werden. Heißt dann Wodka Gimlet und so weiter.
4 cl Gin mit 2 cl Lime Juice auf Eis rühren. In ein Cocktailglas seihen.

Alexander

Ein harmlos wirkender, gefährlicher Drink.
4 cl Gin, 2 cl Crème de Cacao und 2 cl Sahne mit Eis im Shaker kräftig schütteln. In ein Cocktailglas seihen.

Claridge

Ein eleganter Drink.
3 cl Gin, 3 cl französischen Wermut Dry, 1 cl Cointreau und 1 cl Aprikot Brandy auf Eis rühren. In ein vorgekühltes Cocktailglas seihen.

Park Lane

Aus dem Londoner Park Lane Hotel, das aber nicht an der Park Lane, sondern am Piccadilly steht.
4 cl Gin, 2 cl Apricot Brandy, den Saft von ½ Orange, 1 Spritzer Grenadinesirup und 1 Tropfen Zitronensaft mit Eis im Shaker kräftig schütteln. In ein vorgekühltes Cocktailglas seihen.

Cocktails mit weißem Rum

Als die Prohibition die USA von 1919 bis Ende 1933 »trockenlegte«, war Cuba mit seinem weißen Rum das Cocktailparadies. Die cubanische Cocktailschule schenkte der Welt köstliche Drinks.

Daiquiri*

Bild Seite 17

Zum ersten Mal in F. Scott Fitzgeralds Roman »This Side of Paradise« 1920 erwähnt. Heute Lieblingscocktail in deutschen Bars.
½ Teelöffel Zucker im Saft von ½ Limette auflösen.

Mit 5 cl Bacardi oder Havana Club Rum im Shaker mit Eisstücken schütteln. Im Cocktailglas servieren.
Mein Tip: Für diese Drinks ist weißer cubanischer Rum der beste. Die grünschaligen Limetten übertreffen gelbe Zitronen im Aroma.

Frozen Daiquiri

In einen Elektromixer ½ Teelöffel Zucker, den Saft von ½ Limette, 5 cl Bacardi, 1 Spritzer Maraschino und 2 Eßlöffel gemahlenes Eis geben. Mixen und in einer Sektschale servieren.

Roter Daiquiri *

Titelbild

1 Eßlöffel feingehacktes Eis mit einigen Himbeeren (sie können aus der Tiefkühltruhe und gefroren sein) im Mixer verquirlen. 5 cl Havana Club Rum oder Bacardi dazugeben, außerdem 1 cl Limettensaft und 1 Teelöffel Zucker. Schaumig quirlen und in ein vorgekühltes, großes Cocktailglas gießen.

Pfirsich-Daiquiri *

5 cl Havana Club Rum, 1 Eßlöffel Limettensaft, 1 großen, geschälten und entkernten Pfirsich (oder auch Dosenpfirsichhälften) und 1 Teelöffel Zucker mit kleingeschlagenem Eis in den Mixer geben und diesen 15 Sekunden laufen lassen. In gekühltem Cocktailglas servieren.

Presidente *

In einem Rührglas 2 cl Wermut Rot mit 4 cl weißem Rum und 1 Spritzer Grenadinesirup mit Eiswürfeln rühren. In ein Cocktailglas seihen und mit 1 Stück Orangenschale (Schale unbehandelt) abspritzen. Mit Orangenschalenspirale und Cocktailkirsche servieren.

Hemingway Special

In den 40er Jahren wurde in Havana der Hemingway Special erfunden. Der Dichter, der von 1954 bis zu Castros Machtübernahme 1959 täglich auf dem ersten Hocker am Tresen der »Floridita Bar« saß, trank diese Frozen-Daiquiri-Variante gern.
In einem Elektromixer 6 cl Havana Club Rum mit je 1 Teelöffel Grapefruitsaft und Maraschino, dem Saft von ½ Limette und 2 Eßlöffel feingestoßenem Eis etwa 15 Sekunden vermischen. In einer Sektschale servieren.

Isla de Pinos *

Auch Isle of Pines genannt.
In einem Rührglas 6 cl Grapefruitsaft mit 4 cl Havana Club Rum und zerkleinertem Eis gründlich rühren. In ein Cocktailglas seihen.

Havana Spezial

In einen Shaker 4 cl Ananassaft, 4 cl Havana Club Rum, 1 Teelöffel Maraschino und zerkleinertes Eis geben. Gut schütteln, in ein Cocktailglas seihen und mit 1 Stück frischer Ananas garnieren.
Anmerkung: Es sind die kleinen Unterschiede, von denen die Cocktailwelt lebt, wie diese Drinks zeigen.

Mary Pickford *

Wurde in den 20er Jahren der Schauspielerin zu Ehren so benannt.
In einen Shaker zerkleinertes Eis geben, eventuelle Flüssigkeit abgießen, je 4 cl Ananassaft und Havana Club Rum dazugeben sowie 1 Spritzer Grenadinesirup. Schütteln, in ein Cocktailglas seihen und mit 1 Cocktailkirsche garnieren.

Cocktails mit Brandy

»Brandy is Dandy« sagt man in den englischen Bars, wobei mit Brandy sowohl Cognac wie alle anderen Weinbrände gemeint sind. In unseren Rezepten wird, je nach Hausbar-Bestand, Weinbrand oder Cognac verwendet.

Sidecar *

Der klassische Cognac-Drink. Wurde von einem Capitaine, der stets ein Motorrad mit Beiwagen fuhr, in Paris während des Ersten Weltkriegs erfunden und später durch Harry's New York Bar berühmt.
Harry's Rezept: 2 cl Cointreau, 2 cl Zitronensaft und 2 cl Cognac mit Eis schütteln. In ein Cocktailglas seihen.
Das Verhältnis kann man so variieren: 2 cl Curaçao Triple Sec (oder Cointreau), 1 cl Zitronensaft und 3 cl Cognac. Man kann auch noch mit Zitronenschale abspritzen und diese als Garnierung an den Glasrand hängen.
Die trockene Version: 1 cl Cointreau, 2 cl Zitronensaft, 6 cl Cognac mit Eis schütteln und in ein Cocktailglas seihen. Mit 1 Streifen Zitronenschale garnieren.
Die deutsche Version: 2 cl Cointreau, 1 cl Zitronensaft und 3 cl Asbach Uralt mit Eis schütteln und in ein Cocktailglas seihen.

Brandy-Cocktail *

Vorläufer, der in Jerry Thomas' Drinkbuch von 1862 steht.
2 Spritzer Angostura Bitter, 2 Spritzer Zuckersirup (siehe Seite 20), 5 cl Weinbrand oder Cognac und 2 Spritzer Curaçao Triple Sec in ein zu einem Drittel mit Eis gefülltes Becherglas geben. Mit Zitronenschale (Schale unbehandelt) abspritzen und umrühren.

Cognac-Cocktail *

3 cl Cognac, 2 cl französischen Wermut Dry und 1 Spritzer Orange Bitter mit 1 Eiswürfel schütteln. In ein Cocktailglas seihen.

Cocteau-Cocktail

Sommerlicher Aperitif, den der Dichter Cocteau gerne anbot.
1 Stück Eis in ein Glas geben. 2 cl Cognac, 2 cl Cherry Brandy und 2 cl Orangensaft darübergießen. Umrühren.

Classic

3 cl Weinbrand, 1 cl Cointreau, 1 cl Maraschino und 1 Teelöffel Zitronensaft im Shaker mit 3 Eisstücken schütteln. In ein Glas seihen, das mit einem Zuckerrand (siehe Rezept Brandy Crusta Seite 49) versehen wurde.

Maria Stuart

3 cl Weinbrand mit 2 cl Drambuie im Glas auf Eis rühren. In ein vorgekühltes Cocktailglas seihen. 1 Stückchen Zitronenschale (Schale unbehandelt) darüber ausdrücken und ins Glas geben.

Brandy Alexander

Ein sanfter Cocktail, der es aber in sich hat.
4 cl Cognac, 2 cl Crème de Cacao und 3 cl Sahne mit Eis im Shaker schütteln. In ein Cocktailglas seihen und etwas Muskatnuß darüberreiben.

Einer der berühmtesten heißen Drinks mit Kaffee ist sicher der Irish Coffee. Wichtig ist, daß die Sahne dafür nur halbsteif geschlagen wird. Rezept Seite 42. ▷

La Négresse Blonde

Noch gefährlicher und harmloser schmeckend ist diese Variante.
2 cl Gin, 2 cl Cognac, 1 cl Sahne und 1 cl Crème de Cacao mit zerstoßenem Eis kräftig schütteln und in ein Cocktailglas seihen.

Brandy Crusta

Bild 2. Umschlagseite

Ein Drink, der etwas Geschick verlangt.
Eine ungespritzte Zitrone dünn abschälen, so daß die Spirale der Schale nicht reißt. Den Rand eines ballonförmigen Weinglases mit Zitronensaft befeuchten, in Zucker tupfen und drehen. In das Glas die Zitronenschalenspirale geben. 5 cl Cognac oder Weinbrand mit 1 cl Zitronensaft, 1 Barlöffel Zuckersirup (siehe Seite 20), 2 Spritzern Angostura Bitter und 1 Barlöffel Maraschino in einem mit Eis gefüllten Shaker schütteln. Vorsichtig in das Glas seihen; der Zuckerrand darf nicht verletzt werden. Mit Trinkhalmen servieren.

Stinger

Ein klassischer Drink, hier in trockener Form.
1 cl Zitronensaft, 2 cl Crème de Menthe weiß und 6 cl Weinbrand mit feingestoßenem Eis schütteln. In ein vorgekühltes und möglichst gefrostetes Glas seihen.
Anmerkung: Die übliche Mischung dieses Drinks besteht aus weißem Pfefferminzlikör und Brandy zu gleichen Teilen. Nimmt man grünen Pfefferminzlikör, heißt er *Drink Emerald* (Smaragd). Gibt man eine Prise roten Pfeffer dazu, heißt er *Devil* (Teufel).

◁ Als »Anti-Kater-Drinks« berühmt geworden sind die Prairie Oyster (im Bild vorne) und die Bloody Mary (im Bild hinten). Von beiden gibt es zahlreiche Varianten. Rezepte Seite 53.

Cocktails mit Whiskey

Da fast alle Whisky-Cocktails mit Bourbon Whiskey bereitet werden, ist der Whiskey in der Überschrift mit »ey« geschrieben. Ein Scotch Whisky ist wegen seines Rauchgeschmacks zum Mischen nicht so geeignet. Der Canadian Whisky, besonders »sauber«, aber wenig aromatisch, würde den Rahmen dieses Buches sprengen.

Old Fashioned Whiskey-Cocktail *

»Old Fashioned Cocktail« ist heute zum Begriff für mit Angostura gewürzten Schnaps verschiedenster Art geworden.
In einem Glas mit 2 Teelöffeln Wasser ¼ Stückchen Zucker zerdrücken. 1 Spritzer Angostura Bitter dazugeben. Mit 4–8 cl Bourbon Whiskey aufgießen. 1 Stück Zitronenschale sowie 2 Eisstücke dazugeben und umrühren.

New Orleans Sazerac

Die älteste Old Fashioned Art.
Im Mixglas mit 1 Teelöffel Wasser 1 Stück Zucker zerdrücken. Je 1 Spritzer Angostura und Orange Bitter, 3 Spritzer Ricard oder Pernod, 5 cl Bourbon Whiskey und 1 Stück Eis dazugeben und rühren. In ein Old-Fashioned-Glas seihen.

Whiskey Sour *

Bild Seite 17

Neben dem Martini Amerikas Lieblings-Aperitif.
Den Saft von ½ Zitrone, ½ Teelöffel Zucker und 5 cl Bourbon Whiskey mit viel Eis schütteln, ins Glas seihen und mit ½ Scheibe Zitrone garnieren.
Mein Tip: Man kann mit einem Schuß Sodawasser auffüllen oder den Cocktail mit viel Soda zu einem Longdrink machen (siehe Farbfoto Seite 17); dann 1 Cocktailkirsche hineingeben.

New Yorker *

Dieses ist eine Variante vom Whiskey Sour.
5 cl Bourbon Whiskey in ein mit Eis gefülltes Becherglas gießen. Eine geviertelte Limette darüber ausdrücken und hinzugeben. Mit 1 Spritzer Grenadinesirup durch gutes Umrühren rötlich färben.

Ward Eight *

Diese Sour-Variante wird im Shaker geschüttelt.
5 cl Bourbon Whiskey, 2 cl Orangensaft, 2 cl Zitronensaft und 1 kräftigen Spritzer Grenadinesirup in einen mit Eisstücken gefüllten Shaker geben und kräftig schütteln. In ein vorgekühltes Cocktailglas seihen.
Variante: Gibt man einen Schuß Sodawasser dazu und 1 Scheibe Zitrone oder Orange, dann ist es fast kein Cocktail mehr. In diesem Fall gehört ein Strohhalm ins Glas.

Der beliebteste Whiskey-Cocktail ist vor der Jahrhundertwende in Manhattan entstanden und wurde mit American Whiskey gemacht. Heute nehmen die Barkeeper außerhalb der USA den neutralen Canadian Whisky.

Manhattan Sweet *

4 cl Bourbon Whiskey, 2 cl italienischen Wermut Rot und 1 Spritzer Curaçao Triple Sec mit Eis rühren, in das Glas seihen und mit Cocktailkirsche garnieren.

Manhattan Medium *

1 cl italienischen Wermut Rot, 1 cl italienischen Wermut Dry, 4 cl Bourbon Whiskey und 2 Spritzer Angostura Bitter mit Eis rühren, ins Glas seihen und mit Cocktailkirsche garnieren.

Manhattan Dry *

2 cl französischen Wermut Dry, 4 cl Bourbon Whiskey und 1 Spritzer Angostura Bitter mit Eis rühren, ins Glas seihen und mit Cocktailkirsche garnieren.

Admiral *

Eine sanfte Abwandlung der Manhattans, die von Benny Goodman stammen soll.
3 cl Bourbon Whiskey mit 6 cl französischem Wermut Dry und dem Saft von ½ Zitrone im Shaker mit Eis schütteln. 3 Eiswürfel in ein Becherglas geben und den Drink darüberseihen. Mit 1 Streifen Zitronenschale servieren.

Klassische Rezepte mit Scotch Whisky gibt es nicht, da er sich mit vielen Zutaten wie zum Beispiel Wermut nicht verträgt. Auf den internationalen Barkarten findet man eine etwas »klebrige« Ausnahme.

Rusty Nail

Wird nie umgerührt, auch nicht mit einem »rostigen Nagel«.
In ein gut vorgekühltes Cocktailglas 4 cl Scotch Whisky gießen und darauf 3 cl Drambuie schwimmen lassen.
Variante: Den Whisky und den Whisky-Likör in ein mit Eiswürfeln gefülltes Becherglas gießen.

Cocktails mit Wodka und Tequila

Ein Wodka, wie qualitätvoll er auch sein mag, ist streng genommen keine Cocktailbasis. Er ist zwar hochprozentig, doch hat er keinen Eigengeschmack: Ein Wodkacocktail kann nicht nach

Wodka schmecken. Trotzdem lieben die Amerikaner Wodka sehr; sie ersetzen durch ihn gerne den Gin, wie unser erstes Rezept zeigt. Wodka in Drinks bewirkt die alkoholische Verstärkung der übrigen Zutaten.
Tequila, der mexikanische Agavenschnaps, ist bei uns noch neu. Er liegt jedoch im modischen Trend, und sein uriges Aroma hat Zukunft.

Wodkatini

5 cl Wodka mit 1 cl französischem Wermut Dry und 2 Spritzern Angostura Bitter auf Eis rühren. In ein vorgekühltes Cocktailglas seihen. 1 mit Pimiento (Paprika) gefüllte Olive dazugeben.

Salty Dog

5 cl Wodka und 5 cl Grapefruitsaft mit Eis im Shaker kräftig schütteln. Den Rand eines Cocktailglases in einem Stück Grapefruit drehen, auf eine mit Salz gefüllte Untertasse stülpen, hochheben und überflüssiges Salz abschütteln. Den Drink vorsichtig in das Glas seihen.
Variante: Man kann die Mischung auch auf 2 Eisstücke in einem Becherglas gießen, mit 1 Prise Salz würzen und umrühren.

Typische Wodka-Drinks sind die folgenden vier Farbvarianten, die ihren Geschmack von den Likören nehmen.

Black Russian

4 cl Wodka mit 2 cl Kahlúa (oder Tia Maria) in ein Becherglas mit Eiswürfeln geben und umrühren.

White Russian

4 cl Wodka mit 2 cl Kahlúa (oder Tia Maria) auf Eis rühren. In ein Südweinglas gießen und, wie bei einem Irish Coffee (siehe Seite 42), leicht geschlagene Sahne darauffließen lassen.

Green Russian

Titelbild

4 cl Wodka und 2 cl Crème de Menthe grün mit Eis schütteln. In ein Cocktailglas 2 Eiswürfel geben, den Drink darübergießen. Eine Zitronenschalenspirale an den Rand hängen.

Red Russian

4 cl Wodka mit 2 cl Cherry Heering in ein mit Eiswürfeln gefülltes Becherglas geben und umrühren.

Finlandia

3 cl Wodka, 3 cl Cointreau und 1 cl Rose's Lime Juice mit Eis im Shaker kräftig schütteln. In ein vorgekühltes Cocktailglas seihen. Mit 1 Cocktailkirsche garnieren.

Margarita

Den Rand eines Cocktailglases in einem Zitronenviertel drehen, auf eine mit Salz gefüllte Untertasse stülpen, hochheben und überflüssiges Salz abschütteln. 4 cl Tequila, 2 cl Cointreau und 2 cl Limettensaft mit Eis im Shaker kräftig schütteln. Vorsichtig in das Glas mit dem Salzrand seihen.

Brave Bull

3 cl Tequila und 3 cl Kahlúa (oder Tia Maria) auf Eis rühren. Über 1 Eisstück in ein Whiskyglas (Old-Fashioned-Glas) gießen oder ohne Eis in einem Sherryglas servieren.

Tecali

5 cl Tequila, 2 cl Limettensaft, 1 Teelöffel löslichen Kaffee und 1 Schuß Bitter Lemon mit Eis im Shaker kräftig schütteln. In eine Sektschale seihen.

Silk Stockings

Diese »Seidenstrümpfe« sind für Süßmäuler.
6 cl Tequila, 4 cl Dosenmilch, 2 cl Crème de Cacao und 2 cl Grenadinesirup mit Eis im Shaker schütteln oder im Mixer kurz laufen lassen. In ein vorgekühltes Cocktailglas seihen. Mit Zimt bestreuen und mit 1 Cocktailkirsche dekorieren.

Cocktails mit Champagner oder Sekt

Spitzenchampagner und -sekt sollte man immer pur trinken. Doch es gibt Drinks, zu denen Champagner gehört oder bei denen der Champagner/Sekt eine Geschmackszugabe bekommt. Bartechnisch korrekt heißt der folgende Drink »Le Kir Impérial«. Bekannter ist er als

Kir Royal

In ein Sektglas 1 cl Crème de Cassis geben, mit Champagner oder Sekt auffüllen.

Blue Angel

Der Curaçao Blue ist der Mixlikör der späten achtziger Jahre geworden. So ist dieser Begrüßungsdrink bei Partys durch seine zarte blaue Farbe besonders schick: 2 cl Curaçao Blue in ein Sektglas geben, mit Champagner oder Sekt auffüllen.

Hausaperitif »Die Ente vom Lehel«

Ein »In-Drink« aus Hans-Peter Wodarz' Spitzenrestaurant in Wiesbaden.
In eine Champagnerflöte 1,5 cl gekühlten Martini Extra Dry geben, mit 8 cl Champagner Rosé auffüllen. Je mehr man trinkt, um so stärker wird der Zusatzgeschmack, da der schwere Wermut unten im Glas stehen bleibt. Der letzte Schluck ist dann noch ein Überraschungseffekt.

Pick me up

3 cl Cognac, 2 cl Zitronensaft, 1 Spritzer Grenadinesirup und 1 Spritzer Angostura Bitter mit Eis im Shaker kräftig schütteln. In eine Sektschale seihen. Mit Sekt oder Champagner aufgießen.

Ritz

2 cl Cognac oder Weinbrand, 2 cl Cointreau und 2 cl Orangensaft mit Eis im Shaker kräftig schütteln. In ein vorgekühltes Cocktailglas seihen. Mit Sekt oder Champagner aufgießen.

Ohio

2 cl Canadian Whisky, 1 cl Wermut Rot, 1 cl Wermut Dry, 1 cl Cointreau und 1 Spritzer Angostura Bitter auf Eis rühren. In eine Sektschale seihen. Mit Sekt oder Champagner aufgießen.
Variante: Für die deutsche Version wird statt Whisky Weinbrand verwendet.

French 75

3 cl Gin, 2 cl Zitronensaft und etwas Grenadinesirup mit Eis im Shaker kräftig schütteln. In eine Sektschale seihen. Mit Sekt oder Champagner aufgießen.

Spezialcocktails

In der präzisen und doch wieder ungenauen Barsprache gibt es den Begriff »Fancy Drinks«, Fantasiegetränke. Ich möchte in diesem Kapitel einige zusammenfassen, die an der Grenze der Cocktails stehen. Sie sind zum Teil alkoholfrei, und manche bekämpfen auch den Kater.

Caipirinha

Bild Seite 28

Ein »In-Drink«, für den man brasilianischen Zuckerrohrschnaps braucht.
In ein Whiskyglas 1 Barlöffel Zucker geben, darüber 2 in Viertel geschnittene Limonen ausdrükken. Die Limonenviertel ins Glas geben. Mit 5 cl Pitù aufgießen. Eiswürfel dazugeben und gut umrühren.

Bloody Mary

Bild Seite 48

Nicht nur ein klassischer Anti-Kater-Drink, sondern so ungefähr das Bekömmlichste, was man nach meiner Meinung in einer Bar trinken kann.
5 cl Wodka, 1 cl Zitronensaft, Selleriesalz, 1 Spritzer Worcestersauce, 1 Spritzer Tabasco, frisch gemahlenen Pfeffer und 10 cl Tomatensaft mit Eis im Shaker kräftig schütteln. In ein Becherglas mit einigen Eiswürfeln gießen.
Anmerkung: Die im Glas gerührte Bloody Mary vermischt sich mir nicht gut genug.

Marys Verwandte

Läßt man den Wodka weg, heißt der Drink *Virgin Mary*. Nimmt man statt Wodka Tequila, gibt das eine *Bloody Maria*. Mit Malteserkreuz Aquavit entsteht die *Danish Mary*, mit Linie Akvavit ist die *Norwegian Mary* auf dem Kreuzfahrtschiff »Vistafjord« gemischt, die *Bloody Marie* wird mit einigen Spritzern Pernod gewürzt. Und die *German Mary* enthält als Alkohol Doppelkorn.

Prairie Oyster

Bild Seite 48

Nach dem Glauben vieler Trinkergenerationen bringt einen die Prairie Oyster am besten wieder auf die Beine. Es gibt mehrere Versionen, von denen die meisten alkoholfrei sind.
In ein kleines Weinglas 1 Teelöffel Worcestersauce und 1 Teelöffel Tomatenketchup geben. 1 Eigelb daraufsetzen, das ganz bleiben muß. 2 Spritzer Weinessig und 1 Prise Pfeffer darübergeben.

Prairie Oyster Nr. 2

Damit man diesen Drink besser auf einmal »kippen« kann, gibt es auch diese Version:
Ein kleines Weinglas mit 1 Teelöffel Olivenöl ausschwenken. 2 Teelöffel Worcestersauce, 1 Eigelb, das ganz bleiben muß, und 2 Teelöffel Tomatenketchup hineingeben. Mit Salz, Pfeffer und Rosenpaprika sowie mit einigen Tropfen Zitronensaft würzen. Nicht verrühren.

Prairie Oyster Old Fashioned*

Für Alkoholfreunde, die es auch am Morgen danach nicht lassen können.
In einem Whiskyglas (Old-Fashioned-Glas) 4 cl Weinbrand mit 1 Eßlöffel Weinessig, 1 Eßlöffel Worcestersauce, 1 Teelöffel Tomatenketchup und 1 Teelöffel Angostura Bitter verrühren. 1 Eigelb vorsichtig hineinsetzen und mit 1 Prise Cayennepfeffer bestreuen.

Old Pepper

Wenn Sie kein rohes Eigelb mögen, probieren Sie diesen Drink.
4 cl Whisky, den Saft von ½ Zitrone, 1 Teelöffel Worcestersauce, 1 Teelöffel Tomatensaft, 2 Spritzer Angostura Bitter und 1–2 Spritzer Tabasco gut miteinander verrühren und in einem Stielglas (Sourglas) servieren.

Rezept- und Sachregister

Kursiv gesetzte Seitenzahlen verweisen auf Farbbilder.

Rezept- und Sachregister

Zum Aufwärmen ideal: Roter Glühwein. Rezept Seite 40. ▷